人生のロゴス

私を創った言葉たち

The destiny of man is in his favorite phrase

Shigyo Sosyu

執行草舟

実業之日本社

まえがき

私は、今年七十二歳に成った。この人生の年月は、短いと思えば本当に一瞬にも等しいものだった。しかし長いと言えば、それは永遠に近いものとも感じている。人生とは、自分であって、自分ではない。私には、そうとしか思えない。私は、私でないものによって生きて来た。私は、私でないものによって養われて来た。私でないものによって、立たしめられて来たのだ。私の中には、何もない。だからこそ、私の中には人類のすべてが詰まっているとも言えるのだ。

私は、過去に生きた人々の魂によって創られた。そう感じることが出来る。汗と涙に生きた多くの先人たちが、多分、私を創ってくれたのだろう。六十歳を越えた頃から、私はずっとそう感じ続けて来た。そう考えたとき、私は自分を創ってくれた「魂」をまとめてみたいと感じたのだ。そのような考え方で、私は自己の座右銘と成っていた言葉の数々を、毎週一つずつ世に問うて来た。それがもう三年以上になった。そろそろ、一冊の書物にまとめる時期だと思う。

本書は、六十年以上に亘って呻吟し慟哭し続けた私の魂が求めたものの記録である。形にすれば、それは一冊の本だが、この中には私の一生涯の苦悩と涙と喜びが詰まっている。小学生のときに抱いた「志」から、七十歳近くまでの「憧れ」のすべてがひしめいていると言ってもいいだろう。ここに挙げた百九十の思想は、私が死ぬ日まで抱き締め続ける、私自身の人生そのものに他ならない。

早いものは、先に触れたように小学生の頃に立てた志である。しかし、それがどの程度達成されたのかは問わないでいただきたい。自分自身の不甲斐なさは、私自身が一番分かっているつもりだ。何しろ、小学生で立てた志も、いまだ達成出来ないで、私は日々嗚咽しているのだ。座右銘を持てば、自己の卑しさと対面することと成る。座右銘とは、決してすばらしいものでもなく、また美しいものでもない。それは自己の弱さを認識するための指標なのだ。

私は「志」に生きる人間だと、自分では思っている。しかし、志に生きるとは、苦悩と挫折の日々を生きることでもあった。私は自己の七十二年の人生を振り返って、そう思わざるを得ない。私は秀れた先人たちの思想に感動し感激して来た。そして、そのような生命を生き切りたいとだけ願い続けて来たのだ。自己に与えられた真の生命を全うすることだけが、私の夢であり憧れだった。そのための思想が、私に多くの座右銘として与えられたのだと思っている。

座右銘は、私にとって辛く悲しいものだった。しかし、その苦悩が、本当に自分自身だと感ずる自己を養い続けてもくれたのだ。私が感ずる自己とは、全く不甲斐なく卑しい自己だった。その自己が、その自己のまま、どうしたら「魂の崇高」に近づくことが出来るのか。そういうことこそが座右銘によって養われた私自身なのである。若き日には、私はここに挙げた「志」のように生きようと思っていた。そして、挫折につぐ挫折の人生を味わって来たと言えよう。

しかし、挫折こそが本当の人生を与えてくれるという先人の教えが、最近分かるようになって来た。挫折につぐ挫折の人生が、真の自分自身の生命を感じさせてくれることに気付き始めた。私は挫折に生きた人間だからこそ、少年の日からの夢や憧れを今でも持ち続け、死ぬまで抱き締め続けることが出来るのだ。そういう当たり前のことに、この頃に至って気付き始めた。全く自分でも嫌になってしまう。志を立てることの真の意義に、私は気付いたということだろう。

今の私は、私自身が立てた「志」に向かって、死ぬことだけを考えている。志を抱き締めたまま死ねば、私は「人間」として生きたことになると信じている。尊敬する先人や、祖先の傍《かたわら》に行くことが出来ると信じているのだ。今、私は自己の本当の命の価値を感じ始めている。それは、私が座右銘に生きようとしていたことが、その支えと成っていることは間違いない。夢や憧れは、思ってもいない価値を人生に与えてくれた。

願わくは、私が苦しみ続けた座右銘の中から、何か自分に感応する思想を見つけてくれる読者が出てほしいと思っている。そして、感応する思想に出会ったならば、それに人生を懸けてほしいのだ。そうすれば、苦しみが襲って来る。しかし、その苦しみこそが、その人の本当の命を削り出してくれるのだ。自分の本当の命と対面することは、人生最大の幸福をもたらしてくれるに違いない。

私が人生を共にした私自身の「人生のロゴス」は、必ずや他の人々のロゴスとも成り得るものと信じている。是非にも、ここから自己のロゴスを見出してほしい。そして、そのロゴスに、あなた自身の人生のすべてを懸けてほしいのだ。自分自身の本当の命と対面するために……。

二〇二二年十月十六日

執行草舟

目次

※目次の人物名は、略称で記載している場合もあります。

装　幀　水戸部功
イラスト　高田典子
校　正　山本和之
本文ＤＴＰ　株式会社千秋社

人生のロゴス

私を創った言葉たち

no.1

現実の創世記は、初めにではなく終わりにある。

Die wirkliche Genesis ist nicht am Anfang, sondern am Ende.

『希望の原理』より

エルンスト・ブロッホ（1885-1977）

ドイツの哲学者、ユートピア的マルクス主義者、神学者。『ユートピアの精神』、『希望の原理』の著作で知られる。ライプツィヒ大学、チュービンゲン大学で教鞭を執る。第一次大戦中スイスに亡命し、ナチス政権時代パリを経て、米国に移住。ルカーチと「表現主義論争」を展開。

私は、この言葉に出会ったときの衝撃を忘れることが出来ない。それは、多くの読書体験の中でも希有な出来事だった。宇宙の実存と生命の悲哀を考え続ける私の魂に存する、大なる呻吟《しんぎん》が一瞬にして氷解《ひょうかい》したのだ。私は自己の生命を投げ捨てるべき憧れと邂逅《かいこう》した。私の運命が、宇宙の永遠と確実に交叉《こうさ》したのである。ブロッホの大著『希望の原理』に食らいついた我が魂が、その最後に遭遇した真の奇蹟だったと今でも私は思っている。

創世記とは、この世の初めである。少なくとも、今の人類が認識することの出来る人間の原初なのだ。それは我々の故郷であり、我々の原点となっている。我々はどこから来たのか、そして我々はどこへ向かって行くのか。私はそれを考え続けている。我々は人類の初心を忘れてしまった。そのために、魂は限り無く低俗になった。初心が、人間の最も美しい姿だと私は信ずる。だから私のはらわたは忿怒《ふんぬ》に煮え滾《たぎ》っていたのだ。人間は汚れ果ててしまった。人類は、その崇高を忘れてしまったのか。もう我々はやり直すことが出来ないのか。

過去に創世記は一度だけだと私は思っていた。その私の「近代脳」が、この思想によって打ち砕かれた。人間は、新しい創世記に向かって生きているのだ。次の創世記には、どのような人類になるのか、私には分からない。しかし、我々は新たなる創世記に向かって生きている。人間は再び、その原初の清く美しい初心を取り戻すことが出来るのだ。まだ、創世記は終わっていない。新しい創世記に私も参画できるかもしれない。私は哭《な》いた。

no.2

正しく立てる者も自由に立ち、堕ちた者も自由に堕ちたのだ。

Freely they stood who stood, and fell who fell.

『失楽園』より

ジョン・ミルトン（1608-1674）

イギリスの詩人。ピューリタン革命に参加。言論の自由を主張し、共和政府を擁護。王政復古後の失意のうちに失明、口述で記した最大の文学叙事詩『失楽園』を始め、『復楽園』、『闘士サムソン』を書き、イギリス最大の詩人としての地位を確立。

私は、自己の生命の独立自尊を何よりも重んじて生きて来た。そのために払った代償は言葉には言い尽くせない。魂の直立のためには、自分の肉体を擲《なげう》つことは当たり前だと思っている。そう言えば、独立自尊の意味が分かると思う。その独立自尊の真の意味を私に教えてくれた人物が、英国のオリヴァー・クロムウェルとジョン・ミルトンなのだ。その清教徒革命に、私の魂にある武士道が震撼したことを覚えている。

人間が生きるとは、その魂が生きることである。私はそう思っている。この私の信念と最も魂の共振の深い人々が、英国の清教徒だと言えるのだ。自己の魂の自由を何よりも重んずる生き方。それが自己の生命の独立自尊だ。私はそれを実行するために、「ただ独りで生き、ただ独りで死ぬ」という生き方を貫いて来た。すべてが自己の責任であり、すべてが自己から発している。それが本当の人生だと私は信じているのだ。宇宙と対峙する、ただ独りの自己。それこそを、本当の自己だと私は信ずる。

正しいことも自己の責任であり、間違ったことも自己の責任なのだ。どのような不合理も我が運命である。だから、それは愛すべきものと言っていい。幸福も不幸も、そして健康も病気もすべて自己の責任なのだ。なぜなら、自己の生存には尊厳が有るからだ。宇宙の深奥から直接に降り下ったものが、我が生命である。生命とは、与えられた自由ということに尽きる。だから、それは高貴で崇高でなければならない。すべての責任が自己にあるとは、我々の魂と肉体の尊厳に基づく思想なのだ。

no.3

魂とは、肉体を拒絶する何ものかである。

L'âme c'est ce qui refuse le corps.

『定義集』より

アラン（1868-1951）

フランスの哲学者・評論家。名門校エコール・ノルマル・シュペリウールを卒業。リセで哲学教授として教鞭を執った。第一次世界大戦時には自ら志願兵となり、危険な前線に従軍した。『幸福論』、『定義集』等を著し、フランスの思想に大きな影響を与えた。

アランは、私に「哲学とは何か」を教えてくれた人物である。その哲学は、勇気に貫かれている。独立する精神が醸し出す、ひとつの崇高と言えるものだろう。高貴の香りが漂うその思想は、また信念のゆえに自己の命を投げ捨てるような男の矜持に支えられているのだ。哲学の中に、ひとつの騎士道が貫かれている。その騎士道に、私の魂は打ち震えた。フランス最高のエリートだったアランは、自ら進んで一兵卒と成って、第一次大戦のあの塹壕《ざんごう》戦を戦い抜いた。

アランは、兵卒として一歩も退かずに戦った。一言の弱音も吐かずに、この碩学《せきがく》は泥に塗《まみ》れたのだ。戦争が終わったとき、アランは砲弾によって片方の鼓膜を破られていた。その戦中をも含めて、アランは週に一度の新聞論説を五十年以上に亘って続けた。一度も休むことなく、アランの魂は活字に写され続けたのだ。その持続する時間は、アランがもつ真の誇りから生まれていたに違いない。この世に唯ひとつしかない自己の生命に対する誇りが、アランを駆り立てていたのだろう。

このような人物が、魂をこう定義していたのだ。自分の肉体の弱さを許さない何ものか。自分の臆病を許さない何ものか。逃げようとする自分を叩きのめす何ものか。目に見えないが、それが自己だと言える何ものかである。動物としての人間を許さないもの。それが魂なのである。魂とは、宇宙の深奥から自分に与えられた真の恩寵《おんちょう》なのだ。それが生きることを人生と言う。それを乗せているものを肉体と呼ぶ。それを失うくらいなら、肉体などは乗り捨てなければならない。

no.4

人間の肉体でそこに到達できなくても、どうしてそこへ到達できないはずがあろうか。

『美しい星』より

三島由紀夫（1925-1970）

小説家・劇作家。東大法学部卒。官吏を辞して創作に専念。典雅な文体と構成で『金閣寺』、『豊饒の海』等、戦後文学を代表する作品を数多く発表し、広く海外にも紹介された。1970年、東京市ヶ谷の自衛隊総監部で割腹自決した。

私は、武士道が何よりも好きである。その慟哭《どうこく》が好きだ。その呻吟が好きだ。その暗黒が好きなのだ。私の武士道は、『葉隠』に尽きる。それ以上でも、それ以下でもない。葉隠を生き、葉隠に死ぬつもりなのだ。葉隠によって、私は「死に狂い」を知った。そして「忍ぶ恋」のロマンティシズムを我が人生の指針としたのだ。それらは「未完」を目指す生き方を生み出した。到達不能の憧れに生きることを、私に教えてくれたのである。そして、三島由紀夫の『美しい星』に私は触れるときが来た。

『美しい星』は、天空の愛に生きた家族の物語である。この世ではない、我々の魂の故郷に生きる人々の話だ。その憧れは深い。命よりも、人生よりも、地上の愛よりも深い。その悲しみは深い。人間の存在よりも深い。家族の絆が肚に沁みる。その絆が、一人ひとりの忍ぶ恋を際立たせているのだ。人類の未来に、本当の憧れを感じさせてくれる物語である。忍ぶ恋が、地球の悲劇を予感させる。そして、永遠に向かって飛び立とうとする家族のラスト・シーンが訪れる。これ以上に美しい終焉を私は知らない。

そこに、この言葉がある。武士道の極地を、壮大なロマンティシズムの上に描き切った終焉である。我々人間の憧れは、肉体を捨てなければ到達できないのだ。人類に与えられた崇高な使命は、肉体を超克したその先に存在している。人類の肉体を拒絶する極北に、人類に与えられた憧れの地があるのだ。三島由紀夫の武士道が、それを表現した。私の武士道が、それに震撼した。武士道のロマンティシズムは、この思想に極まったと言っていい。

no.5

お前の知らぬものに到達するために、
お前の知らぬ道を行《ゆ》かねばならぬ。

Para venir a lo que no sabes, has de ir por donde no sabes.

『カルメル山頂への道』より

十字架の聖ヨハネ（サン・フアン・デ・ラ・クルス）（1542-1591）

スペインのカトリック神秘家・詩人・聖人。アビラのテレサと共にカルメル会を改革。キリスト教神秘思想の著作で知られ、神と合一していく魂の過程を描いた『暗夜』や『霊の讃歌』等の代表作がある。

この言葉を知ったとき、私は二十歳だった。それは苦悩と渇望に覆われた時間だった。それを青春と呼ぶならば、多分、その軸心に私はいたのだろう。私は独りの人間として生きたかった。つまり、本当の生命として死にたかったということである。私は、自己固有の武士道を確立しようともがいていたのだ。「死に狂い」と「忍ぶ恋」、そして「未完」を自己の生き方にすべく喘《あえ》いでいた。生き方とは死に方に他ならない。それを私は決定しようとしていた。目に見えぬ恐れが、私を苛《さいな》んでいた。

そのような時期に、私はこの言葉に出会ったのだ。それは天啓だった。神の恩寵だと直感した。私はT・S・エリオットの『四つの四重奏』を読んでいた。そこに、この偉大な言葉が引用されていたのだ。その件《くだり》は、私にとって神に射られた実存となった。この言葉によって、私は私の思想の根幹である「ただ独りで生き、ただ独りで死ぬ」という確信を摑んだのである。死ぬほどの苦しみが氷解し、私は自己固有の運命に向かって突進する覚悟が据わった。

私は、自分だけがもつ運命の秘密を摑んだと思った。自分の生命に本当の勇気が与えられた。その勇気が、運命の秘密を仰ぎ見る思想を私に与えてくれたのだ。この言葉に触れるまで、私は運命の暗黒を恐れる気持を持っていたのだろう。それが吹き飛んだ。私は自分自身も知らない、私だけの運命を目指して生きる。それがたとえ何であれ、私は私自身の運命を愛する心が芽生えた。そのためには、私は誰も知らない道を歩まねばならない。

no.6

現在にめざめるな
宝石の限りない 眠りのように

『西脇順三郎全集』「宝石の眠り」より

西脇順三郎（1894-1982）

詩人・英文学者。慶應義塾大学を卒業しイギリスへ留学。帰国後は母校の文学部教授を務めた。シュールリアリズムを日本に紹介したことで知られ、昭和新詩運動を推進した。代表作に『旅人かへらず』、『第三の神話』等がある。

美しい言葉である。私は、この美しさの中に自己の運命を感じているのだ。私が美しいわけではない。しかし、私に与えられた運命は美しいものだと信じている。それが、たとえどのようなものであれ、美しいに決まっている。いかなる不幸に襲われようと、いかなる困難に苦しもうと、私は自己の運命を愛する。だから、美しいものに決まっているのだ。私の人生は、私自身の武士道を貫き果てるだけだと思っている。だから、静かで美しい人生だと思っている。

私は、いま七十二歳を数える。今日まで、私は『葉隠』の武士道だけで生きて来た。だから私の思想は過去の時空だけに在ったと言えるだろう。私は私の武士道を以って、自己の運命だけを生きて来たのだ。どのようなものか、それすら全く見当のつかぬ我が運命に向かって、突進と体当たりを喰らわせて来た。つまり、私は過去の思想に基づいて全く分からぬ未来に向かって生きて来たのだ。運命とは、「まだ・ない」何ものかを信ずる精神が生み出す躍動である。

私はそれを生きた。つまり、過去と未来のど真ん中を突っ走って来たのだ。私は、現代の社会に全く興味がない。私には現在はない。私は、現在という時間を生きてこなかった。私は現在を見る気はない。また見てもいない。そして今日、一つ言えることは、現在が無かったから私は武士道を貫けたのだということに尽きる。現在が嫌いだから、私は生きられた。現在が好きなら、私は突進も体当たりも出来なかっただろう。

no.7

航海をすることが必要なのだ、生きることは必要ではない。

Navigare necesse est, vivere non est necesse.

ポルトガルの王子エンリケの「碑銘」より

ポルトガルの王子エンリケ（1394-1460）

ポルトガル王ジョアン一世の王子。北アフリカのセウタに遠征。その後、航海術の研究やアフリカ西岸の探検を推進した。アフリカ周航、インド航路開拓の先駆者として知られる。航海王と称され、大航海時代を生んだ。

この気宇壮大を私は愛する。理論はない。私は、この思想が死ぬほどに好きなのである。私の武士道は、この思想を求めて呻吟を続けたのだ。自分が愛するものに、自分の命を捧げる。それが人間の本来と私は思っている。我々の生命は、何ものかを為すことを渇望しているのだ。ザイン（存在）を与えられた我が命は、ゾルレン（当為）を求めて彷徨いつつ生きた。だから、この言葉に出会ったのだろう。「価値」が重要なのだ、生きる必要はない。私は、出発する決意を固めた。

このような思想が、この世にあった。それ自体が、私に抑え難い喜びをもたらしたのだ。この思想によって、あのポルトガルは世界へ雄飛した。ポルトガル人の勇気が、大航海時代という人類的大事業を推進したのである。その根幹が、この思想だった。私の魂は、当時のリスボンに飛翔していたのだ。歴史を創り上げて来た原動力は、人類に与えられた勇気そのものに他ならない。同じ人間に生まれたならば、その勇気を引き継ぎたい。私はそう願った。願って祈ったのである。

祈りは、エンリケに届いたのだと思う。私は、この言葉と全く同じ思想に生きる自己を見出した。この思想に、これ以上ない幸福を感ずることが出来た。私は、自己に与えられた運命だけを生きる覚悟を深めることが出来た。生きることは必要ではないという思想が、決定的だった。私は自己の運命の中に死ぬ決意を固めた。その勇気を、この歴史的な思想から与えられたのだ。私は、本当に「楽」になった。

no.8

不合理ゆえに我れ信ず

Credo quia absurdum.

「箴言」より

テルトゥリアヌス（160頃-222頃）

キリスト教神学者・初期のラテン教父の一人。カルタゴ生まれ。ローマで法律家として働いていたが、キリスト教に回心。帰国して自身の生涯を教会に捧げ、キリスト教教理の形成に重大な影響を与えた。著作に『護教論』、『キリストの肉について』等がある。

私は武士道を愛している。何故か。それが不合理だからである。武士道では、すべてが矛盾している。その矛盾を抱き締めて、その中に呻吟することが武士道を深めることに繋がる。解決することは、一つもない。辻褄が合うことも、一つもない。1＋1は決して2にはならないのだ。その生きている肉に、人間は苦悩し続ける。その生きている骨に、我々は悲痛を感ずるのである。だからこそ、我々は憧れに生きることが出来る。我々の生命は、美しいものを仰ぎ見ようとするのだ。

不合理が、我々の生命を鍛える。我々の運命を鍛えてくれる。それは、不合理がこの世の唯一の真実だからなのだ。不合理には、誠実がある。自己を飾らない真実がある。不合理なものは、むき出しの熱情をもつ。あのローマ帝国において、テルトゥリアヌスはそのキリスト教をこう言ったのである。合理と打算によって滅びようとする帝国にあって、こう叫んだのだ。その当時、真実に生きる人々は、原始キリスト教団の人たちだけだった。真面目な者は、その人々だけだった。

私は不合理の中を生き続けた。そして、この言葉に出会ったのだ。魂が震撼したと言ってもいい。愛の無常に私は哭き濡れていた。武士道の暗黒に私は苛まれていたのだ。それが、この原始キリスト教の思想によって救われたのである。不合理だから信ずることが出来るのだというこの思想は、私の脳髄を撃砕した。私の、不合理を愛する運命が立ち上がった。

no.9

我々は聖霊に向かって行《ゆ》くのだ。

Nous allons à l'Esprit.

『地獄の季節』より

アルチュール・ランボー（1854-1891）

フランス印象派の詩人。早熟な天才として、ユゴーや高踏派の影響を受け詩作を始める。数々の作品を発表するが、1875年以後は文学を捨てヨーロッパ、アフリカを放浪。象徴主義の詩人として、20世紀文学に決定的な影響を与えた。代表作に『地獄の季節』、『イリュミナシオン』等。

私は、ランボーを愛する。その運命を愛しているのだ。青年の頃、ランボーと日々を共にして生きていた時期があった。その『地獄の季節』を中心として、私はまさに寝食を忘れて読み続けた。そして、ランボーが仰ぎ見たものを私も見たのである。それが「聖霊」なのだ。ランボーは聖霊を仰ぎ見て生きていた。その聖霊を私は心底から愛するのだ。私にもその聖霊が見えるようになった。その聖霊は人間存在の原点を穿《うが》っていた。

私は武士道だけの人間である。武士道の不合理に哭き、その矛盾と格闘して生きて来た。私の武士道は「無頼《ぶらい》の精神」と言っていい。つまり楠木正成の心意気ということだ。そして、無頼には憧れがある。不良には不良の名誉というものがあるのだ。それが、ランボーの聖霊と溶け合っている。私はランボーによって、武士道の中に聖霊を見出すことが出来るようになった。武士道に生きる私の運命が、聖霊に向かって生きていることを知ったのだ。武士道によって、人間の憧れを摑み取れるかもしれないと思った。

私はランボーの導きで、人間の実存を支えている聖霊と出会った。その聖霊が、我々人類の文明を生み出したのだ。その聖霊によって、我々の魂は呻吟と慟哭の叫びを上げる。そして、永遠を渇望する我々人類が生まれたのだ。私は、その聖霊と出会った頃から現世には興味がなくなった。現世を創り上げた「何ものか」と向き合いたいと思った。つまり聖霊である。そして、人類を創り上げたその原点を摑みたいと思ったのだ。

no.10

両頭《りょうとう》倶《とも》に截断《せつだん》せば、一《いっ》剣《けん》天《てん》に倚《よ》って寒《すさま》じ。

両頭倶截断　一剣倚天寒。

「偈」　圜悟禅師語録より

楚俊禅師（明極楚俊）（1262-1336）

元の禅僧。鎌倉末期に来日し、諸寺を歴住。後醍醐天皇、北条高時の帰依をうけ、鎌倉の建長寺、京都の南禅寺、建仁寺の住持を務めた。後醍醐天皇の復位の予言や、湊川に赴く楠木正成に右記にある圜悟の「偈」を与えたという言い伝えが残っている。著作に『明極楚俊和尚語録』がある。

人生は、自己の脳髄を真っ二つに切り裂かなければ進むことすら出来ない。真に進むとはこの謂《い》いである。前後截断《せつだん》だけではなく、左右上下すべてを截断しなければならない。その勇気だけが、我々の人生を築き上げる力をもつ。「迷い」を截断すれば、天から我々に剣がもたらされるのだ。宇宙と生命の厳しさの中から、剣が降り下って来る。この剣とは、キリストがマタイ伝十章三十四節に述べたその剣である。「私は、この世に平和ではなく　剣をもたらしに来たのだ」というそれだ。

剣は涙である。つまり、我々の人生の決意ということなのだ。それは、我々人間の真の旅立ちとなるだろう。剣によって、我々の中に垂直の悲しみが立ち上がる。それが、我々の生命を燃え尽きさせるのである。燃える生命を創り上げるのだ。剣を帯びれば、我々は自己の運命に立ち向かうことが出来る。そして、我々は剣の掟に哭かなければならないのだ。その剣は、我々に与えられた生命の本源だからだ。自己の生命と向き合い、自己の運命に向かわなければ本当の人生はない。

私の武士道は、この言葉を小学生のときに摑んでいた。意味は分からなかった。しかし、その美しさに感動していたのだ。私の尊敬する楠木正成は、この言葉によってあの湊川の死地に赴いたと伝えられている。それだけで、私がこの言葉を生涯の座右に置くには充分な理由となった。私はこの思想に長く呻吟し、そして剣を手に入れた。それは破邪《はじゃ》の剣だ。邪《よこしま》を切り捨てる剣である。私は何とか自己の武士道を貫くことが出来るようになった。

no.11

報いを受けることは、エネルギーの堕落になる。

Toute forme de récompense constitue une dégradation d'énergie.

『重力と恩寵』より

シモーヌ・ヴェーユ(1909-1943)

フランスの哲学者・著述家。フランスの名門リセであるアンリ四世校でアランに師事。パリ高等師範学校を卒業後、各地のリセで哲学教師として教鞭をとった。また女工としての工場労働、義勇軍兵士としてのスペイン内戦参加、ロンドンで自由フランス軍の対独レジスタンス運動を経験するも、若くして夭折。

私は、「憧れ」だけに生きようと決意している。その憧れとは『葉隠』の思想をこの世で実現することである。つまり、それは人間にとって到達不能の目標に向かって生きるということに他ならない。その「死に狂い」と「忍ぶ恋」そして「未完」は、生身の人間の生を許さぬ厳しさをもつ。それを必ず、やらねばならぬ。そして、この武士道の先に、宇宙の実在と人間の実存の故郷が存在する。到達不能の「そこ」へ、私は必ず行くのだ。

私にとってこの世とは、人間存在の崇高へ向かう道程なのだ。崇高への修行を、私は人生と心得ている。その崇高を生き切った人間のひとりに、このヴェーユがいる。若くして死んだヴェーユは、まさに崇高そのものだった。私はヴェーユと対面するとき、自己の卑しさに打ちのめされる。美しい人だった。優しく、激しい人だった。愛がこの人物を生かし、そして殺した。愛の無常を、この人ほど感じさせてくれる人はいない。

我々が本来的にもつ美しさは、それが実現されるやいなや、汚濁に塗れてしまうのだ。美しかったあの初心が、あの希望が、何故に汚れた傲慢と満足に変わってしまうのか。この世で報われることの恐ろしさを、私は感ずる。報いほど恐ろしいものはこの世にない。ヴェーユは、それを思い出させてくれる。小さな報いでも、我々は堕落させられる。我々が人類として与えられた、本来的な崇高性が損《そこな》われるのだ。自分に幸運が訪れたとき、私はいつでもこのヴェーユの魂を思い出している。

no.12

人生は一行のボオドレエルにも若《し》かない。

『或阿呆の一生』より

芥川龍之介（1892-1927）

大正時代の作家。『羅生門』、『河童』、『或阿呆の一生』等数々の有名作を発表したが、「ぼんやりとした不安」を理由に若くして服毒自殺。明治・大正の日本が遭遇した「近代の苦悩」を象徴する人物の一人。また、長男の比呂志は新劇俳優、三男の也寸志は作曲家として知られる。

芥川龍之介の苦悩が、私を救ってくれた。本当の人間の本当の苦悩が、四面楚歌の私の人生を救ったのだ。私は武士道に生きていた。だから、もう生きることが出来ない状況に何度遭遇したか分からない。その最初の突破力を私に与えてくれた言葉が、この芥川の言葉だった。到達不能の憧れに向かって体当たりを繰り返すことが、私の人生そのものを創っていた。死の突進を支えるものは、真実だけしかない。いかなる愛も優しさも、私を癒すことは出来ない。

芥川龍之介の言葉には、微塵の綺麗事もない。厳しく暗く重い、人間生命の真実があるだけなのだ。この言葉を批判することは簡単だ。その人たちは、分かりもせぬ他人の人生に、夢と希望を与える言葉を与えている。そんなものはこの世に溢れている。しかし、芥川のように、真摯に自己と対面している言葉はほとんどない。そのほとんどない貴重な心情が、この言葉の核心なのだ。我々は、一行の詩にも劣る人生を生きている。

人間の生命は崇高である。しかし、それはその崇高に目覚めての話なのだ。我々の肉体は豚と何ら変わらない。これを本当に見つめ続けることが、私は本当の勇気だと思っている。そこから立ち上がることが、人間の本来だと信じている。一行のボードレールとは、魂の深底に存在する、我々本来の真の価値を表わしている。その価値を目指して生きなければ、我々の人生は一行の詩にも及ばないのだ。真実の厳しさほど、本当の勇気を奮い立たせてくれるものはない。

no.13

これによって、ただこれだけによって、我々は生きて来たのだ。

By this, and this only, we have existed.

『荒地』より

T・S・エリオット（1888-1965）

イギリスの詩人・作家。斬新な詩論を展開して現代イギリス詩の先駆者として活躍した。キリスト教の世界観を踏まえた詩作でも知られ、その価値を見直す日本の批評家にも大きな影響を与えた。1948年にノーベル文学賞を受賞。代表作に『荒地』、『四つの四重奏』等がある。

エリオットは、二十世紀の黙示録である。そこには、人類の破滅と救済が示されている。私は、その『四つの四重奏』の予言によって立ち、その『荒地』の破壊によって自己の生存を救済したのだ。現世の破壊が、私の武士道を磨いていた。現世のど真ん中に、天の沼矛《あめのぬぼこ》を打ち立てねばならない。私はそう決意していた。現世において、武士道を貫くとは「社会的死」を意味していた。それを断行しなければならない。私の生命は、革命のエネルギーを欲した。

武士道の貫徹には、何の道理もない。それは、不合理の中を突進する勇気だけを必要としていた。革命の中に死ぬ覚悟だけが重要だった。道理のない人間である私にとって、このエリオットの言葉は、まさに天啓であり慈雨だった。一つのことを成して、一つの人生を生き、一つの生命として死ぬ。エリオットは、私にその思想を落としてくれたのだ。この言葉の前段には、情熱に向かって突進する生命が語られていた。これだけでいいのだ。これだけで人生はいいのだ。

魂を求め続けた我々の祖先は、人生をこう感じていた。自分の信ずるものに突進する。人生はこれだけでいい。二十世紀最大の詩人が、人生とは情熱の突撃なのだと言っている。私は革命的な情熱の解釈を『荒地』の中に見た。そして、これだけでいいのだと言い切るエリオットの生命に、私は本当の人間の実存を見つけていた。私は、こう言える人間に至りたいと感じた。そして、五十年の時が流れた。私は今、この言葉の通りに言い切ることが出来る。

no.14

真の愛は、苦しみの中にしか存在しない。

No hay verdadero amor sino en el dolor.

『生の悲劇的感情』より

ミゲール・デ・ウナムーノ（1864-1936）

スペインの思想家・詩人。マドリッド大学に入学し、17ヶ国語を習得。36歳にしてギリシア語の教授職を務めていたサラマンカ大学の総長に任命された。スペインの内戦や米西戦争に対峙し、スペイン社会への問題提起を促して世界的に大きな文学的名声を得た。代表作に『生の悲劇的感情』、『ベラスケスのキリスト』、『ドン・キホーテとサンチョの生涯』等がある。

私の青春は、魂の苦悩そのものでしかなかった。私は生きることに苦しみ、死の哲学のゆえに嗚咽《おえつ》し、生の文学の中に悲痛を感じ続けていた。私は呻吟していたのだ。私の魂は、慟哭の叫びと忿怒の炎によって爛《ただ》れ果てた坩堝《るつぼ》と化していた。愛の重力が、私の魂を圧し続けたのである。愛が自己の生命に、幸福をもたらすとは私には思えなかった。愛の無常を私は感じ続けていたのだ。私にとって、愛はこの世で最も大切なものに思えた。しかし、それはまた最も悲しいものだった。

私は、そういう青春を送った。そして、青春のど真ん中でこのスペインの哲学者に邂逅したのだ。ウナムーノの苦悩は、私などの比ではなかった。しかしウナムーノは、その苦悩の中から、私の知る最も魅力ある思想を打ち立てたのだ。ウナムーノとの出会いが、私の青春を救い上げてくれた。私の苦悩は、この言葉に出会って自己の生命の奥深くに沈潜することが出来た。つまり、私の武士道の中に、愛を浸潤させることが出来たのだ。

ウナムーノは、右の言葉に続いて「そして、この世においては愛の苦悩を選ぶか、幸福を選ぶかのどちらかしかない」と言っている。つまり生きるとは、魂の愛を求めて苦悩するのか、またはすべてを諦めて幸福になるしかないということだ。私は、この清冽な哲学に出会って、苦悩の人生を生きる喜びを確信することとなった。私は愛を求める。人間実存の原点を求めて生きようと決意した。たとえ、そこが到達不能だとしても、私はそこへ向かって生きる。

no.15

不可能を欲する人間を私は愛する。

Den lieb ich, der Unmögliches begehrt.

悲劇『ファウスト』第二部より

ヨハン・ヴォルフガング・フォン・ゲーテ（1749-1832）

ドイツの詩人・作家・自然科学者・政治家。ワイマール公国で大臣、宰相を務めた。イタリアで美術を研究。自然科学の諸分野でも成果をあげた。ドイツ文学における古典主義を代表する人物。代表作に『若きウェルテルの悩み』、『ファウスト』等。

私は、不可能を求めて生きて来たように思う。この不可能を、無限と置き換えてもいいだろう。私は、人間のもつ有限を越えたいのだ。有限のもつ卑しさを何よりも憎んでいる。この肉体のもつ、限り無い弱さに泣かぬ日は無かった。この精神の限り無い低さに、私は苛まれ続けて生きて来たのだ。「それが人間なのだ」という分別者の言葉と戦い続けて来た。それは人間ではない。人間とは、もっと崇高で高貴で美しいはずだ。人間の魂は、宇宙の根源と繋がっている。私はそれだけを目指す。

私は、武士道の美学に生きて来た。『葉隠』である。その思想は、人間には不可能なことを人間に求めるものだった。その思想に惚れたことを、私は自分の最高の幸運だったと思っている。「死に狂い」「忍ぶ恋」そして「未完」が、葉隠の根幹を形成している。それらはすべて、不可能に挑む人間の魂の軌跡に他ならない。それを仰ぎ見ることが、私の人生だった。それを、この世に実現することが私の唯一の希望である。その実現のためにだけ、私は生きる。その遠い煌《きらめ》きに向かって、私は体当たりを続けていく。

ここに挙げた『ファウスト』の言葉は、あのゲーテの中心思想に違いない。読んだ瞬間、私はそう思った。それ以来、五十年以上に亘って私の座右に掲げられている。ファウストの悲しみが、深く心に沁み渡る言葉だ。そして、ファウストの真の救いを感じさせる台詞である。命懸けのものには、崇高がある。何がゲーテをゲーテたらしめたのかを、私は分かったように思った。私の武士道と、ゲーテの憧れがこの大宇宙で交叉したのだ。私は、不可能こそが人間を創ったと信じている。

no.16

人間は、幸福になるために生まれて来たのではない。

Nous ne sommes pas nés pour le bonheur.

『狭き門』より

アンドレ・ジード（1869-1951）

フランスの作家。厳格なプロテスタントの家庭に育つ。フランスの名門校 アンリ四世校で学び、ポール・ヴァレリーらと親交を結ぶ。また、北アフリカをたびたび旅行した。従妹マドレーヌと恋に落ち、結婚。霊肉の相克の苦悩など、人間性の様々な問題に誠実に向き合った作品が多い。代表作に『地の糧』、『狭き門』等。

私の青春は、恋の苦悩とともに始まり、その悲痛とともに去ったように感じている。恋の苦しみは、私の精神を築き上げた一つの実存に違いない。私の肉体は恋に悶え、精神はその苦痛に哭いていた。文学だけが、私の憧れを受け止めてくれた。その時代、私は純愛の文学を死ぬほどに読んだ。トルストイの『復活』を忘れることが出来ようか。ゲーテの『若きウェルテルの悩み』を抱いて寝たこともある。堀辰雄の『風立ちぬ』の悲恋の中に、私は現世の無常を深く味わったのだ。

その中にあってアンドレ・ジードの『狭き門』は、私の人生に一つの革命をもたらすものだった。主人公アリサとジェロームの純愛の中に、私は人間の運命がもつ無常の軌跡を見たのである。それは純愛のもつ高貴性が、それを乗り越えて到達する生命の実存と言ってもいいだろう。本当の恋が到達する、愛の深淵と言い換えてもいい。恋の苦悩によって、命よりも大切なものを摑む人間がこの世にはいる。恋によって、自我の紅蓮《ぐれん》を乗り越える者がいるのだ。右の言葉を語るアリサは、信仰によってそれを成し遂げた。

私は自己の恋愛体験によって、『葉隠』の「忍ぶ恋」の本質を自分なりに摑んだように思う。到達不能の憧れに向かって生きることが、人間生命の実存を強めてくれるのだ。我々の生命の実存は、永遠を求めて呻吟する。我々の求める幸福が何であるのか。私はそれをジードによって教えられた。人間は、幸福になるために生まれたのではない。人間は、他者の幸福を祈るために生まれたのだ。宇宙の根源を恋するために生まれたのだ。私は、そこに生命存在の実存を感じていた。

no.17

墓の中の誕生のことを語らねばならぬ。

『終りし道の標べに』より

安部公房（1924-1993）

前衛作家・劇作家。超現実的な作品を多数執筆し、人間存在の不安を描き出した。日本現代文学を代表する一人として広く海外でも読まれ、国際的な名声を博す。また演劇グループ「安部公房スタジオ」を設立。代表作に『砂の女』、『第四間氷期』、『棒になった男』等。

死の認識が、人類の文明を築き上げた。死を考え続けることが、人間に「人生」を与えたのだ。死のない生は、人生ではない。それは動物の生と言えよう。我々は死を見詰めることによって、初めて真に生きることが出来るのだ。「生きるとは死ぬことである」。そう大徹老師は言っていた。死が、人間の生の価値を決める。その死が、墳墓の思想を生み出した。墓が、人間の真の故郷と成ったのである。墓は人生の終焉であり、また出発なのだ。そこから、文明の息吹が萌え出づる。

私がこの言葉に出会ったのは、高校一年の春だった。満開の桜並木の道を、この安部公房の書物を読みながら歩いた。風に舞う桜の花びらが、この本に今も押し挟まれている。私は、この文学者が好きだった。その人類的予言に、生命の深奥からの魅力を感じていたのだ。その斬新で未来的な文章に酔いしれていた。そして、この出会いの日がやって来た。私は、この文学者の悲しみと対面したのだ。生きるとは、過酷を語ることに他ならない。生きる者は、死者の中から立ち上がらねばならない。

この言葉に出会って、私は安部文学を摑んだように感じた。その苦悩が、私の魂を刺し貫いたのである。死の中から生まれる生《せい》こそが、我々の本当の生なのだ。悲痛から生まれたものだけが、生命を燃焼させる。未来は過去の中に誕生する。私はこの思想を、日々考え続けた。そして、自分と自分の信ずる過去の真の価値を知ったように思う。私の墓は、未来を創造する価値を持つに違いない。私はこの言葉によって、そう信ずる力を得たのである。

no.18

われらはバビロンの川のほとりに
すわり、シオンを思い出して
涙を流した。

By the rivers of Babylon, there we sat down, yea, we wept, when we remembered Zion.

『旧約聖書』詩篇137篇より

『旧約聖書』詩篇137篇

紀元前6世紀に南ユダ王国の首都エルサレムは新バビロニアにより陥落、ユダヤ人たちは捕虜としてバビロニアに移住させられた（バビロン捕囚）。詩篇137篇は、バビロン捕囚のあと、ユダヤ人が故郷のシオンを懐かしんで詠った詩のことで、ユダヤ民族の深い嘆きや悲しみが表現されている。また、哲学者の森有正はこの詩の最初の行を題名にして、エッセー『バビロンの流れのほとりにて』を書いている。

記憶が、自己を打ち立てるのである。思い出が、困難を乗り越える力を我々に与えてくれるのだ。良い思い出を持つ者には、宇宙の根源力が降り注いで来る。鮮明な記憶と対面する者は、文明の限り無い知恵を受けることが出来る。秀れた人間は、秀れた思い出を持っている。美しい人間は、美しい記憶を持っているのだ。強い人間は、思い出を愛する。強い民族は、決して根源的故郷を忘れることがない。私はこの詩篇を見るとき、いつでもこう考えているのだ。

私はこの詩篇を、立教小学校の音楽の授業で教わったのだ。宗教哲学者として名高いあの波多野精一の姪にあたる、波多野春子先生が我々の音楽を指導して下さった。その流麗なピアノの旋律に乗せて、美しい声でこの詩篇を歌われた。バビロン捕囚に泣くユダヤ民族は、その故郷シオンを偲んですべてに耐えた。望郷の悲しさが、私の魂を捉えた。そして、その望郷があの強大なユダヤ民族を生んだと知ったのだ。その民族の活力の根源を、私はこの詩に見た。

そのときから、この詩は私の座右に掲げられた。この詩がもつ力が、私の中に文明の精神をたたき込んでくれたように思う。後年、フリードリッヒ・ヘーゲルの『精神現象学』を読んだとき、私は精神の根源に「望郷」があることを知った。「自らの精神とは、思い出と記憶のことである」。そうヘーゲルが語りかけてくれたのである。私の詩篇は、ひとつの哲学へと昇華した。人間の精神の根本は、ロマンティシズムなのだ。詩が、人間存在の根底を支えている。私は詩の中を突進しようと決意した。

no.19

私は、私の死を死にたいのだ。

Quiero morir mi muerte.

『ロルカ詩集』「水に傷つけられた子供」より

フェデリコ・ガルシア・ロルカ（1898-1936）

スペインの詩人・劇作家。故郷アンダルシアの精神を独自の世界観で謳い上げた『ジプシー歌集』が有名。自ら積極的に劇作を行なう傍ら、古典劇の普及に努めた。スペイン内戦勃発後、独裁者フランコ側に射殺された。代表作に『血の婚礼』、『イェルマ』等。

死に向かって生きる。それが我々人間の宿命である。死だけが、人間を永遠に結び付けてくれるのだ。そして、休息が与えられる。我々の紅蓮の生命に、静謐《せいひつ》な永遠が与えられる。死によって、我々の生はその意味を決定される。棺が覆われて、我々の人生は定まる。だから死を想うことだけが、我々を真に生かすのだ。自分の死を想わなければならない。自分の死だ。人間の死ではない。自分だ。自分の死を考えることによって、我々は初めて自分の足で立ち上がることが出来るのだ。

私はロルカの詩を愛する。そしてロルカの生き方を愛する。美しい人間だった。生命の崇高を知る人間だった。優しい人だったが、権力には決して屈せぬ人だった。真の勇気だろう。ロルカのこの詩句に出会ったとき、私の魂は震撼した。ロルカの死の深奥が、この言葉によって私の肚の底に落とされたのだ。ロルカの魅力は、自己固有の人生を生き、自己固有の死を与えられたことだろう。しかし、それは偶然ではなかった。それがロルカの祈りだったと知ったとき、私は哭いた。

自分の人生を生きたい者は、自分だけの死を死ななければならない。自己固有の死である。それが人間の本当の死だ。私はこのロルカの詩によって、自分の死を本当に想うことが出来た。それによって、私は自己固有の生き方を出来るようになったと思っている。私は自己固有の死を必ず迎える。この決意が、私の自己固有の生き方を支えているのだ。ロルカの詩は、私の魂に測り知れない豊潤をもたらしてくれた。自分だけの死を死にたい者には、自分だけの生《せい》を生きる人生が与えられる。

no.20

仏《ほとけ》に逢《お》うては仏を殺し、祖《おや》に逢うては祖を殺す。

逢仏殺仏逢祖殺祖。

『臨済録』より

臨済義玄（生年不詳-867）

唐の禅僧。臨済宗の開祖。黄檗希運に師事して受法し、河北鎮州城東南の臨済院に住す。仏教の般若と荘子の思想を踏まえ、参禅修行者に厳しい喝を与える独自の道を実践。その法系は中国禅宗中最も栄えた。弟子によってまとめられた言行録『臨済録』がある。

不退転の決意を表わす思想である。不退転とは何か。その答えがここにある。決断とは、このことを言う。それは悲しみであり、怒りなのだ。慟哭と忿怒のない決断はない。決断とは、憧れに向かう魂の激震のことだ。その震撼は、現世に対する激しい憤りに支えられている。その憤りは自己を殺し、行く手に現われるものすべてを殺す。存在の日常性を殺さずして、どうしてその根源に辿り着くことが出来ようか。真の希望とは、すべての存在を殺した先にある「何ものか」なのだ。

　私はこの言葉を『臨済録』に見たとき、決断の何たるかを直感した。それから半世紀近くになる。私は武士道に生きて来た。その武士道のゆえに、激しい生命的苦悩の中を突進する青春だった。その苦悩を、最も救ってくれた思想がこの言葉なのだ。自分の行く手を阻むものは、すべて斬り捨てなければならない。まず自分が死なずして、どうしてそれが出来ようか。まず自己が死ぬことである。私は自分の武士道をこの禅の神秘によって何とか摑んだように思った。

　ドイツの哲学者ハイデッガーは、真に自立した人間存在を「死に向かって生きる存在」と言った。Sein zum Tode《ザイン・ツム・トーデ》である。自分が死ぬことによって、初めて自己の愛するものを斬り捨てることが出来る。決断とは、それを言うのだ。決断とは、悲痛の深淵に突入する勇気なのだ。私はこの言葉を考えない日はない。今日も考えている。死ぬまで考え続けるだろう。いま私は、自己の人生を殺すことによって、この思想を現世に実現している。そして、その正否を問うことはない。私はこのまま死ぬ。

no.21

泉のかたわらに立ちて、喉の渇きに私は死ぬ。

Je meurs de soif auprès de la fontaine.

『遺言詩集』「バラード」より

フランソワ・ヴィヨン（1431頃-1463頃）

中世フランスの詩人。パリ大学に学ぶが殺人、窃盗などを犯し、逃走、投獄、放浪の生涯を送る。最後は殺傷事件によりパリから追放されて消息不明。多彩な詩情で過ぎ去った青春への嘆き、貧窮や死の恐怖などを赤裸々に歌った。代表作に『形見分け』、『遺言詩集』等。

私の青春は、苦悩そのものであったように思う。自己の生存の原点を求めて、私の魂は咆《ほう》哮《こう》していたのだ。無頼《ぶらい》だった。それを良いことだとは当然に考えていない。しかし、どうすることも出来ぬ悲痛が私を襲い続けていた。自分が何者なのか。その思考が魂を苛む。喧嘩と文学の中に、その答えを求めた。私は死ぬほどに他人と争い、また死ぬほどに文学を読んだ。答えは、何も得られなかった。ただ敗北を抱えた人間として、何も変わらぬ私が存在するだけだった。

そのようなとき、私の友として語りかけてくれた人物のひとりがこのヴィヨンなのだ。苦しみの中から、生まれるものが必ずある。そう語りかけてくれた。そして、生まれなければ、そのまま死ねばいいとその詩には書かれていた。この中世の吟遊詩人の悲痛が伝わって来た。そして、無頼の男同士の友情が芽生えたに違いない。私はヴィヨンと共に放歌高吟し、ヴィヨンのように街を練り歩いた。その情況を知る者に会うことは、半世紀を経た今でも恥ずかしい。

そして私はヴィヨンから、この世で一番大切な教えを与えられたのだ。それが、この言葉である。飽食暖衣のこの世にあって、そのど真ん中にあって、自己の信念のために死ななければならない。その意義が、私の存在のすべてである。自己を弱くするこの世の餌は、何も受け取ってはならない。餌を前にして、飢え死にしなければならない。それこそが、日本男子としてこの世に生を受けた私の存在論なのだ。そう生きて、そう死ぬ。ヴィヨンのように、私は、そうする。

no.22

ぼくがたおれたら一つの直接性がたおれる、もたれあうことをきらった反抗がたおれる。

『転位のための十篇』
「ちいさな群への挨拶」より

吉本隆明（1924-2012）

詩人・文芸評論家。左翼思想に傾倒し、独自の文学・政治思想を確立。1960年代の全共闘運動をはじめ、左翼学生・労働者闘争に大きな影響を与えた。また、言語、国家、古典文学など幅広い評論活動を行なった。代表作に『転位のための十篇』、『共同幻想論』等。

私の信念は、『葉隠』の精神を貫徹することである。その武士道を、この世に現成《げんじょう》することの一点に尽きる。その道を塞ぐものはすべて叩き潰し、その先に展開するものはすべて呑み干す決意を抱いている。この世において、それを断行できる者は私だけだと思っている。葉隠を、日本民族が生み出した最も崇高な思想だと思っているのだ。そのために生き、そのために死ぬことが私のただ一つの誇りを形成している。私にとって、他はすべて無いに等しい。

武士道を信奉する私が、左翼革命思想家だった吉本隆明と出会ったことは奇蹟に近い。しかし、出会ってみると、この革命思想ほど私の魂を震撼させるものはなかった。吉本隆明の思想とその詩は、私の武士道を理論化する最大の哲学のひとつとなった。武士道と革命は、この世と戦うことにおいて、魂の共振を有していたに違いない。この世の出世や成功だけを考える人間を、吉本隆明と私は強く軽蔑していた。「人間の理想」を実行することだけに価値を持っていたのだ。

私は、自分を一つの直接性だと思っていた。直接性とは、宇宙と生命そして文明の本質と自己との直結のことを言う。自分はこの世の本質と直に結ばれているのだ。その誇りが、私を立たしめていた。私はたおれるわけにはいかなかった。私がたおれれば、葉隠の精神がたおれるのだ。私がたおれれば、物質主義者の気炎が上がるだろう。私がたおれれば、ひとつの理想がたおれるのである。この世の傲慢を叩きのめそうとする、ひとつの力が失われてしまう。私は突き進まなければならなかった。

no.23

それでも、君は生まれたのだ。清澄《せいちょう》な日のために……

Doch du, du bist zum klaren Tag geboren.

『エンペドクレスの死』より

フリードリッヒ・ヘルダーリン（1770-1843）

ドイツの詩人・思想家。大学で神学を学び、古代ギリシアへの憧憬から口マン主義的な作品を多く書く。また悲恋と苦悩の中から数々の頌歌や小説を生み出すが、30代以降は精神的薄明のうちに過ごした。代表作に『ヒュペーリオン』、『エムペドクレス』がある。

ヘルダーリンの詩には、人間生命の淵源が湛《たた》えられている。人間の生命は、何のためにあるのかということだ。何のために、この世に生まれて来たのか。その問いかけである。この不合理の世に、この悲惨の世に、我々はなぜ生まれて来たのか。人間の魂を持って、なぜ我々はこの世に来たのか。清く美しい魂を抱いて、なぜ混濁の世に我々は到来したのか。人間の魂は、間違いなく清く高く悲しい「崇高」を追い求めている。その人間がこの世を生きるのだ。

ヘルダーリンの投げかける問いに応えようとすることが、私の人生を潤してきたに違いない。その問いかけは、私に悲痛と苛酷《かこく》しかもたらさなかった。しかし、それが私の魂を強く豊かにしたように思う。いかなることがあっても、我々は理想を貫徹するために生まれたのだ。理想を貫くために、人間はこの世に到来した。その理想は、清く美しいものでなければならない。この動物の生命の中に、人間の魂が宿った意味は、そこにしかない。ヘルダーリンが、私の体内で溶解した。

我々が、人間として生まれた意味は清澄な日を待つためなのだ。その他のことは、どうでもいい。清澄な日を迎えるために、我々には試練が与えられる。我々がもつ辛い宿命は、美しい日々に到達するために与えられたものに違いない。我々の生命は、魂の清冽のためにある。その美しいものは、不合理と悲痛の先にある。それを目指すものこそが、真の人間なのだ。人間に価値は無い。人間を乗り越えた先に、本当の人間の故郷がある。

no.24

地獄には、地獄の名誉がある。

（深き地獄も受け入れぬものがある、なぜなら地獄には、地獄の名誉があるからだ。）

Né lo profondo inferno li riceve, ch'alcuna gloria i rei avrebber d'elli.

『神曲』（地獄篇）より

ダンテ・アリギエリ（1265-1321）

イタリアの詩人。ルネサンス文学の先駆者として知られる。政治家時代に政敵に犯罪の汚名を着せられ、亡命と放浪の生活をしながら執筆活動を続けた。代表作に『神曲』、『新生』、『饗宴』等がある。

『神曲』は、私の魂を俯瞰している。中学生のとき、私はそう思った。天から降り注ぐ、ダンテの視線を感じていた。ダンテの生き方の中に、私は自己の生存の原点を見出していた。そしてダンテの死に様の中に、私は自己の終末を感じてもいたのだ。中世の終焉を生きたダンテの悲痛が、私の心に突き刺さった。まだ見えぬ近代を信ずる、ダンテの悲哀を私は受け取っていた。希望とは、悲しみなのだ。そうダンテは、私に語りかけてくれた。

無頼と反抗に生きていた私にとって、ダンテは神の代理人だった。『神曲』の中に、私は神の言葉を感じていたに違いない。神の沈黙の苦痛を、ダンテこそが癒してくれたのではないか。高潔と呼ばれる、人間のもつ最高の魂をダンテはもっていた。人間のもつ暗黒を溢れるほどにもっていたが、それを凌駕するほどの崇高をその身の内に抱えていたのだ。矛盾と不合理が、ダンテの生命を立たしめていた。そして、ダンテはそれらの暗黒を天に向かって昇華し尽くしたのだ。

ダンテの言葉が、私の暗黒を救ってくれた。暗黒を暗黒のままに、崇高に転ずる思想を私に伝授してくれたように思う。『神曲』のもつ重力が、私のもつ暗黒を圧延したのだ。それは一振りの剣と化して、私に与えられた。それが本当の神剣というものだったのだろう。地獄には、地獄の名誉がある。我々の人生は、地獄かもしれない。しかし、我々は自己の名誉さえ捨てなければ、人間であり続けることが出来るのだ。永遠に向かうことが出来るのである。

no.25

往相《おうそう》は尚《なお》一剣にして、還相《げんそう》はわが激情に尽く。

『当観無常』（跋）より

三浦義一（1898-1971）

歌人・国家主義者。皇道日本を目的とした大亜義盟を組織。度重なる事件により収監されるも、生涯に亘り日本の魂を詠った和歌を書き続ける。敗戦後の日本の発展に大きく寄与し、その指導力から「室町将軍」の異名を持つ。代表作に歌集『悲天』等がある。

歌人三浦義一の中に、私は生命の噴煙《ふんえん》を見ている。その噴煙が、私の魂を震撼させるのだ。噴煙の中に、紅蓮の炎が生み出す苦悩を見出すのは私だけではあるまい。地獄の苦痛が噴煙を吹き上げている。それは、我々の生命の苦痛と同じものと言っていい。我々の生命は宇宙から滴《したた》り落ちたものだ。そしてこの美しい星の申し子としてこの世に来た。それを歌ったのが、義一である。義一は、その悲しみを歌っている。その苦痛を叫んでいるのだ。なぜに、我々は苦しまなければならないのか。

義一の歌は、それを我々に突き付けて来る。その思想は、宇宙から生まれ、生命を貫通して我々の許に届く。三浦義一は、生命の淵源に立ち戻って、そこから人間の生死《しょうじ》を問いかけて来る。すべての歌に、宇宙からの問いかけがある。義一の日常は、宇宙の根源とこの世を往還する自己の魂の対話なのだ。私は義一の歌に、仏教の「来迎思想《らいごう》」を感じていた。宇宙があって、地球があって、そして日本がある。それが我々のすべてなのだ。我々は我々であって、我々ではない。

その信念を、この言葉に私は見たのだ。そして、その思想はそのまま私の思想と化したのである。義一は自己の生命を、宇宙に向かって放擲《ほうてき》している。その覚悟が、私にはひしひしと伝わるのだ。自己の人生そのものを、ひとつのエネルギーとして噴出する潔さだろう。永遠に向かって生きる自己がいる。それは我が身を一つの剣と成した自己の魂である。剣と成った魂は、天空に向かって打ち立てられるのだ。天から降り注ぐ恩寵がある。それが自己の激情を創っている。義一と私の人生を創っている。

no.26

われわれの運命は、われわれ自身の手中にある。

Our fate lies in our own hands.

『戦争と文明』より

アーノルド・トインビー（1889-1975）

イギリスの歴史家。大著『歴史の研究』の著者として知られる。国家ではなく、文明単位での勃興、隆盛、衰亡の過程を考察し、後の歴史学に多大な影響を及ぼした。文明の本質を人間の「原罪」との戦いと見る独自の視点で、世界史に残る文明論の先駆者となった。

私の文明論は、その基礎をすべてトインビーに負っている。私はその『歴史の研究』を命懸けで読んで来た。もし理解できなければ、死ぬ覚悟で読んだのである。そのような魅力が、この歴史理論にはあるのだ。愛の本質が、トインビーの中に渦巻いている。愛が何であるのか。それを歴史的に証明していると私は考えている。愛について、私はトインビーから学んだ。私が得た幸運の中で、それは最も大きなものの一つと成っている。

愛の本質は、運命を抱き締めることである。自己の運命の先に、国家と文明のそれがある。国家と文明は、その運命を生命と宇宙の本源的実在に負っている。それらの現実を、本当に自己の中に受け取り、そして認識することが愛を生み出す。愛と対立するものは、憎しみではない。それは無関心だ。無関心こそが、人間を堕落させ文明を滅亡させるのだ。自己存在の本当の認識によって、人間は人間として立つことが出来る。私の本当の運命は、文明や生命そして宇宙の運命と一体なのだ。

人間は、運命を創る動物とも言える。自己の運命を愛し、それを本当に築き上げる。その運命が、文明を動かし宇宙を震動させることを知らねばならない。自己の運命を愛する者は、すべてを愛せる者となるだろう。この世は発展することも、また衰亡し滅び去ることもあるのだ。その運命を握る鍵は、我々一人ひとりの運命の中に存在する。独りの人間の運命は、文明をも宇宙をも救うことが出来るに違いない。それを知ることが愛だ。

no.27

いまひとたびの春、やがて涙のように逃げて行くだろう。

Encore un printemps, — et qui s'en échappera comme une larme!

『夜のガスパール』より

アロイジウス・ベルトラン（1807-1841）

フランスの詩人。生前は無名のまま貧窮のうちに没するが、死後、詩集『夜のガスパール』が出版される。その幻想的で色彩豊かな文体が、ボードレール等、後世の詩人に多大な影響を与え、音楽家 モーリス・ラヴェルにより「夜のガスパール」は楽曲となった。また、散文詩というジャンルを確立したことでも知られる。

思い出だけが、人生を創り上げている。思い出として過ぎ去った、あの時間だけが私を支えているのだ。運命の過酷が、美しい思い出と化したとき、私はまた生まれる。春の到来を願って、人間は生き続けることが出来る。故郷の温もりを抱いて、人間は生き続けているのだ。その温もりの記憶が、私を立たしめている。そして、その温もりこそが新たな運命を求めて、私を旅立たせる。いまひとたびの春を求めて、私は荒野を進む。どこまでも、進むのである。

遠く煌く憧れを目指して、私は進み行く。自己の実存が願う、大いなる運命に向かって進んで行くのだ。荒野にそびえ立つ自己の運命こそは、私を真の故郷へと誘《いざな》っているに違いない。それは、決して摑むことの出来ぬものかもしれない。それはまた、摑むほどに逃げ去ってしまうものかもしれない。しかし、私はそれに向かわなければならない。私が故郷の幸福を忘れない限り、私は憧れを目指し続けていくことになるだろう。

憧れとは、逃げ去るものである。逃げ去らぬ憧れは、本当の憧れではない。人間の涙のように、憧れは逃げ去って行く。人間の真心から滴るあの涙のように、我々の憧れは逃げ去るのだ。しかし、それによって私は本当の人生を生き切ることが出来るだろう。逃げ去らぬ憧れを摑んだ者は、人生を失う。我々は故郷を去って、この世に来たのだ。この世は、旅である。旅にあって、故郷を偲ぶ。それが私の人生を創っている。思い出は、すべてが故郷に繋がる。だから、それは美しい。

no.28

花は愛惜《あいじゃく》に散り、草は棄嫌《きけん》に生《お》ふるのみなり。

『正法眼蔵』(現成公案)より

道元(1200-1253)

鎌倉前期の禅僧で、曹洞宗の開祖。比叡山で修学、のち入宋して天童如浄の法を嗣いだ。建仁寺に住し、京都に興聖寺を開いた後、越前(福井県)に禅の修行道場として名高い永平寺を開山。理論よりも実践を重んじ、その説法・言行は『正法眼蔵』に記録されている。

私は道元とその『正法眼蔵』によって、自己の無常観を築き上げて来たと思っている。「当《まさ》に無常を観ずべし（当観無常）」と道元は言っていた。その根源的思惟《しい》が、私の魂を揺さぶるのである。無常の中に、すべての現象を包摂しなければならない。私の青春は、その苦悩のゆえに軋《きし》み続けた。道元によって、私の中に武士道が貫通したように思う。道元のゆえに、私はキリストの真実を摑んだと考えている。そして、多くの自然科学が道元の根源的思惟によって私の前に開かれた。

右に掲げた言葉の美しさに、思春期の私はただ感動していた。この言葉の音韻のゆえに、私は千年のロマンティシズムの中に漂った。日本の歴史が抱える悲しみを見たように思う。日本人の苦しみを感じたように思った。私の祖父母と両親の人生の哀歓を、この言葉の中に見ていたと言ってもいいだろう。道元の魂の深奥が生み出した思想だと、私は思っている。道元のすべてが、ここに収斂されているように思う。少なくとも私は、この言葉によって道元の魂が肚に落ちた。

愛され惜しまれるものも滅びていく。花の幸福を呼吸したものが、死んでいくのだ。それを止めることは、誰にも出来ない。雑草はいかに嫌われようと、無限にはびこっていく。死を忘れたように生えていく。しかしそれとても死ぬのだ。いかに美しいものも滅びる。いかに汚ないものも滅びるのだ。好きでも嫌いでも関係ない。この世は、すべてが悲哀に繋がっている。だからこそ、命を精一杯に生きる。それ以上に尊いことがあろうか。命をすり減らして生きる。それ以上に美しいことがあろうか。なぁ、そうだろぉ。

no.29

愛は死のように強い。

『旧約聖書』雅歌第8章6節より

ソロモン王（生没年不詳）『旧約聖書』雅歌

旧約聖書の中の一書。男女の真の愛が歌われており、これを神とイスラエル民族、またはキリストの出現を予言して歌ったものとする解釈など諸説あるが、文学的で聖書の中でも特に美しい。詩中に何度もソロモン王が登場し、また作者もソロモン王とされる。

人間にとって一番大切なものは、愛である。そして人間にとって一番確実なものが、死なのだ。この二つは、無限弁証法的に人生とかかわり、我々の実存を支えている。愛の貫徹は、死を覚悟しなければ出来ない。死と隣り合わせでない愛は、すべてが嘘と言ってもいい。我々が本当の死を迎えられるか、迎えられないかは、人生における愛の実行にかかっている。愛は死であり、死はまた愛なのだ。それが何とか肚に落ちたとき、私は自分の新しい生誕を感じることが出来た。

私は武士道だけで生きて来た人間である。『葉隠』がそれだ。その「死の哲学」を私は抱き締めて生きて来た。その人生を本当に幸運だったと思っている。死の哲学を人生の根本に据えることによって、何か本当の生《せい》が分かったように思えるのだ。日々の死の訓練が、日々の生を与えてくれた。生の根源に、私を近づけてくれたように感じている。生の根底に横たわる、愛の淵源を私に感じさせてくれたように思うのだ。死が、愛を教えてくれた。その順序は、決して違《たが》えることは出来ない。

死を見据えなければ、決して愛は分からない。私はそう思う。愛は、愛をいくら考えても、決して分からない。愛ほど大切なものはなく、また愛ほど人を惑わすものもない。私は、死の哲学に生きて来たことを誇りに思う。ほんの少しだが、愛に触れることが出来たからだ。愛は少しでいい。人間は、ただ一回の愛で一生を生きることが出来る。愛は死と同列のものなのだ。多くを求める者は、愛を知ることは決してないだろう。愛ほど大切なものはない。だから、それは一回でいい。

no.30

俺は人間でありたいとは欲しない、何か謎でありたい。

『不合理ゆえに吾信ず』より

埴谷雄高（1910-1997）

小説家・評論家。共産主義に傾倒、農民運動に参画したことにより投獄される。出獄後は文学に専念。代表作に人類や宇宙の全存在を問う未完の長篇小説『死霊』等がある。

私は埴谷雄高が死ぬほど好きである。その『死霊』に始まる一連の大文学は、人間の魂の淵源を抉《えぐ》るだけの力がある。それは、埴谷が不可能に挑戦しているからに他ならない。埴谷は自己の人生を投げ捨てている。その生を、人間の神秘の追求に捧げているのだ。それを埴谷は『死霊』の中で、自分の望みは「かつてなかったもの、また、決してあり得ぬもの」を描くことだと書いている。だから、埴谷は決して到達できぬものに向かって生きる決意を固めていたに違いない。

自己の人生の「未完」を受け入れる、その覚悟に私は惹かれ続けている。埴谷の文学はすべて、人生を投げ捨てたその先に存在する魂の山嶺なのだ。自分がこの世に生を享けた、その神秘を仰ぎ見る精神だ。自己の存在を問う、叫びとも言えよう。生存の荒野に向かう、自己の生命の奔流である。つまり埴谷はその人生のすべてを懸けて、自己存在の宇宙的使命を考え続けた。そして、その苦悩の思考過程こそが、人類的な形而上文学を打ち立てているのだ。

埴谷雄高は、自己の生存をその運命に委《ゆだ》ねている。その生命を、創造の神秘に対して投擲しているのだ。自己の生存を宇宙的実在として見る。人間以上のものになろうとする涙が、埴谷を創っている。自己の運命を愛するその人生に、私の魂は震える。自己の人生を神秘のままに終わらせようとする、その精神に向かって私の実存は哭《な》くのだ。『葉隠』に生きる私は、埴谷文学の中に自己の投影を見ている。私は自分が人間であることを乗り越えたとき、埴谷雄高と合一できる日があると信ずる。

no.31

最後の審判のとき、人が吟味するものはただ涙だけであろう。

Au Jugement dernier on ne pèsera que les larmes.

『涙と聖者』より

エミール・シオラン（1911-1995）

ルーマニア出身の思想家。ベルクソンやニーチェを学びパリで活躍。モンテーニュの懐疑主義を称賛し、箴言集の形式で数多くの作品を発表した。近代の人間が抱える不条理を主題にする。代表作に『涙と聖者』、『告白と呪詛』等がある。

　エミール・シオランは、我々の生存に「根源的問いかけ」を与えてくれる。人間の生命は、何故この大宇宙において実存しているのか。その問いかけの原初の形態が、右の言葉を支える思想である。この思想の中に、私は人間存在の根源的実存を見据えているのだ。我々が神の審判を受けるとき、神は何を問題とするのか。私はシオランを凌ぐ答えを、他に知らない。それは、我々人間の認識し得る絶対的苦悩だけなのだ。真の人間に至りたいと願う、その精神の苦悩である。

　シオランは、それを「涙」と言っている。我々が人生を生きるために苦しんだ、その苦しみそのものの価値を掬《すく》い上げてくれたのだ。苦しむことの尊さを知れば、人生は展開を始める。人間の生は、苦悩の中から芽生えて来るのだ。安楽を志向し、成功や幸福を目指す者には真の人生はない。我々は、人間としてこの世に生を受けた。だから、真の人間の価値を目指すことによって生の充実を得る。最後の審判は、自己の生を使い果たした人間にだけ与えられるに違いない。

　私は、高校のときにこの言葉と出会った。そのときの衝撃を、今も忘れることが出来ないのだ。シオランとの出会いは、私の生命の奥深くに『葉隠』の思想を打ち込んでくれた。「死に狂い」「忍ぶ恋」そして「未完の生」が、私の中に涙と化して溶解したのだ。人生を生き切るのは、自己の涙だけでいい。真の涙さえ持っていれば、あとは死ぬまで生き切るだけでいい。私はシオランの思想によって、自己の武士道を磨いた。その幸運と喜びは、年を経るに従って増幅し続けている。

no.32

どんなでたらめをやっても、心さえ歪んでいなければ、最後には必ず正しい道に到達すると思っている。

『罪と罰』より

フョードル・ドストエフスキー（1821-1881）

ロシアの作家。社会主義運動に関係しシベリアに流刑。出獄後は鋭い感性で人間の本質を捉え、革命へ向かうロシア社会における情念と宗教思想を描いた。代表作に『罪と罰』、『悪霊』、『カラマーゾフの兄弟』等がある。

私の青春はでたらめだった。地底から湧き上がるマグマのような、どうにもならぬものに翻弄される日々だった。それは、苦悩と呻吟だけを私の魂にもたらし続けたのだ。自己の生存の原点を求める、魂の慟哭に近いものだったのだろう。私はなぜ、この世に到来したのか。私はなぜ、いま生きているのか。私の生命は、どこに向かって行くのか。私は自己の生存を持て余していたに違いない。運命を求めていたのである。自己の生存の意義、そして自己の生存の終焉の認識ということだろう。

私は、その答えを文学に求めていた。特にドストエフスキーにそれを求めた。ドストエフスキーは、私の生き方を支えている思想と成っている。それは私の武士道を根源的に支え、また私のもつ不合理を癒し続けてくれることに成った。『葉隠』の精神を、近代の社会に展開するための道案内と言ってもいい。それは呻吟するひとつの魂が、苦悩する他の魂に語りかける近代の神話なのだ。私はドストエフスキーを貪り読んだ。そして、日々に復活したのである。

右の言葉によって、私は自己の命を救われたのだ。あの神のごとき人が、私にこう語りかけてくれた。「お前は必ず、ひとつの道に到達するだろう」。そう言ってくれたのだ。私はこの言葉によって、無限の荒野に向かう勇気を得たのである。荒野の中に、死ぬ覚悟が据わったのだ。ドストエフスキーの言葉には、それほどの力があった。心さえ正しければ、そう成れる。つまり、自己の運命を愛し、自己のエゴイズムに食われなければ、私は道に到達できるのだ。私は必ずやる。そう思った。

no.33

人間は、「何ものか」克服せらるべきである。

Der Mensch ist etwas, das überwunden werden soll.

『ツァラツストラかく語りき』より

フリードリッヒ・ニーチェ（1844-1900）

ドイツの哲学者。伝統的形而上学と既存のキリスト教倫理思想を否定し、超人思想や永遠回帰といった言葉で有名な新しい思想を構築。その影響は、のちの文学や哲学に多大なる影響を与えた。代表作に『ツァラトゥストラかく語りき』、『善悪の彼岸』等がある。

我々人類には、何よりも重大な使命がある。それは、人間とは何かを追求することである。宇宙の根源を思い、人間の実存の意味を問い続けることだと言ってもいいだろう。そのために、我々は生きているのだ。そのために、我々は命を懸けているのだ。そのためにのみ、我々の本当の死は与えられている。人間とは、そういうものだ。我々は、そう考え続けるために存在する。それが、我々人間の宇宙的実在なのだ。つまり、人間の宇宙的使命ということになろう。

私は、ただひたすらに人間の燃焼について考えて来た。私が、なぜ人間として、この大宇宙に存在しているのかということに尽きる。つまり、人間とは神を志向する生き物なのだ。そのためにのみ、我々には「人間の魂」と呼ばれるものが与えられている。そして、その魂が活動するためにのみ、この肉体があるのだ。それが人間の実存というものだろう。それが人間の燃焼というものに違いない。人間として生き、人間として死ぬ。そのためだけに、我々の人生はある。

我々は、永遠に向かっているのだ。我々にとって、完成というものは無い。我々の苦悩と呻吟によって、宇宙の根源は癒されるのである。我々の精神が、宇宙の実在に向かえば、我々の使命が果たされていく。その途上にある生命が、我々であるに違いない。我々自身は、偉大でも崇高でもない。我々は、そうなろうとする宇宙的実在なのだ。根源に向かう憧れが、我々の実存である。そこに崇高がある。人間とは、永遠に人間に至りたいと願う生命なのだ。涙と共に生まれ、涙と共に生き、涙のように去らなければならない。

no.34

人が愛するのは、そのすべてを所有していないものだけだ。

On n'aime que ce qu'on ne possède pas tout entier.

『失われた時を求めて』より

マルセル・プルースト（1871-1922）

フランスの作家。洗練された感性と教養を持ち、若き頃より文才を発揮。記憶や意識、そして時間をテーマに小説を書き、20世紀の文学に革命をもたらした。30代から死の直前まで描き続けられた大作『失われた時を求めて』が代表作として知られる。

人間にとって、最も大切なものは愛に他ならない。愛に比せば、いかなるものも塵芥に過ぎないだろう。人間とは、愛の断行のために創られた存在なのではないか。そのために、この宇宙に実在しているのではないだろうか。人間は愛である。そう結論づけるだけの経験が、私の人生には起こった。そして愛の本源こそが、宇宙の実在なのだと分かった時期があった。その本源に向かって生きることが、我々人間の宇宙的使命を創り上げている。

その愛の根源は、神秘に包まれている。我々を生み出した深淵の彼方に、その神秘はある。我々は、宇宙を創り出した神秘から生まれたのだ。愛とは、その神秘そのものを言う。だから、我々は神秘なるものを愛するのだ。我々の知性は、知性によって分かるものを愛することは出来ない。合理的なものを、我々は愛することは出来ないのだ。我々の知性の及ばぬものを我々は愛する。不可思議な、実在を愛する。我々の実存の故郷に向かって放射される「何ものか」を、我々は愛する。

プルーストのこの言葉は、愛の深奥を私の肚に打ち込んでくれた。苦しみ続けた、愛の苦悩の多くが氷解した思い出がある。分からないから愛するのだ。不合理だから信ずるのだ。自信のある人間が、義のために立ち上がった歴史はない。不可思議な深淵が、我々を立たしめる。我々は、分からぬもののために死ぬ。それが正しいから死ぬのではない。愛するから死ぬのだ。信ずるから死ぬのだ。その不合理を断行することが、生き物を人間に変える。

no.35

君看《み》よや双眼の色、語らざれば愁《うれ》い無きに似たり。

君看双眼色、不語似無愁。

白隠禅師「偈」より

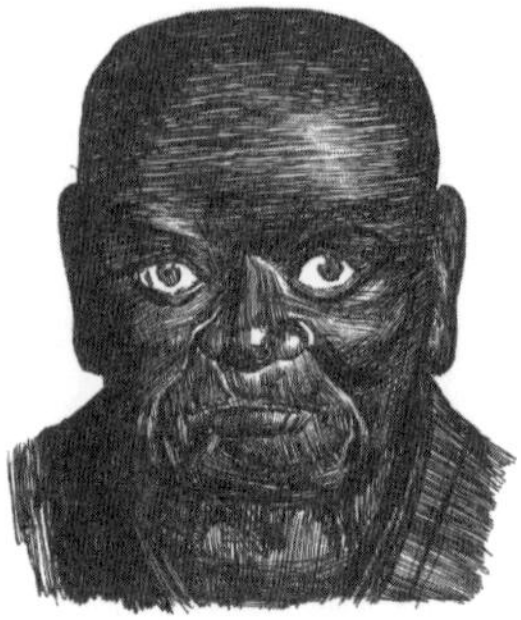

白隠禅師 (1685-1768)

臨済宗中興の祖と称される江戸中期の禅僧。白隠慧鶴。故郷の静岡県沼津市松蔭寺の住職を50年近く務め、また請われて各地を行脚。膨大な著作や書画を残し、「駿河には過ぎたるものが二つあり、富士のお山に原の白隠」と謳われるほどだった。白隠の書は、「執行草舟コレクション」の中核の一つ。

人間はみな、それぞれの悲しみを抱《いだ》いて生きている。一人ひとりが、違った悲しみをかかえている。それが、人間としてこの世に生を享けた者の宿命《さだめ》なのだ。人間は、悲しみから逃げることは出来ない。その悲しみと、どう対峙するかによって人生が決定する。悲しみの中に、真の幸福があるのだ。それに気付くために、我々は生きているのではないか。悲しみがあるから、我々は他者《ひと》を愛することが出来る。悲しみがあるから、我々には生き甲斐も生まれて来るのだ。

どのような人間にも、悲しみがある。それを知ることが、大人と成った証ではないだろうか。それを分からぬ者は、永遠の幼児としてその生を終わらせるだろう。そして、その悲しみを乗り越えることが、人生の醍醐味を創り出すのだ。悲しみを乗り越えたとき、人間は真の希望と出会うことが出来る。その悲しみが、他者《ひと》から見て分からなくなったとき、人間は自らの足で大地に立つことが出来る。真の独立自尊とは、悲しみの真っ只中に直立する魂の軸心である。

右の言葉によって、私は「出会い」の本質を与えられたように思う。これを知ったとき、小学生以来、私を悩まし続けた道元の「問い」が肚に落ちたのだ。私と道元は、出会いの実存について語り合って来た。「我、人に逢うなり。人、人に逢うなり。我、我に逢うなり」。この道元の問いの中に、私は出会いの本質の存在を直感していた。その直感を信じ、私は十年の苦悩を生きたのだ。その自分なりの答えを、私は右の言葉によって得たのである。限り無い希望が、地平線を覆った。

no.36

精神の生とは、死を厭《いと》い世の汚濁《おだく》から身を守る生ではなく、死に耐え死の真っ只中に自らをよく保つ生である。

Aber nicht das Leben, das sich vor dem Tode scheut und von der Verwüstung rein bewahrt, sondern das ihn erträgt und in ihm sich erhält, ist das Leben des Geistes.

『精神現象学』より

ゲオルグ・フリードリッヒ・ヘーゲル（1770-1831）

ドイツの哲学者。国内の神学校に学び、のちベルリン大学教授。自然・歴史・精神の世界を、矛盾を抱えながら絶えず変化していく弁証法的発展の過程として捉えた。ドイツ観念論を体系的に完成した。代表作に『精神現象学』、『大論理学』等がある。

私は、自己の武士道を確立することに青春のすべてを懸けていた。自己の存在を超越した、善悪の彼岸に実存する『葉隠』の魂を摑みたかったのだ。そのために、私は世界のあらゆる哲学と文学を貪り読んだ。そして、私に「絶対」の思想を与えてくれたのがヘーゲルなのだ。私の葉隠は、ヘーゲルの『精神現象学』によって根底の哲学を与えられた。それは十七歳の夏だった。絶対精神を構築した哲学が、私の武士道を理論化した。その理論が、後に私の「絶対負」の哲学を生み出す基盤と成ったのである。

人間の精神について、これほどに壮大な理論大系を私は知らない。精神を哲学化したことに、私はヘーゲルの怪物性を感じていた。ヘーゲルとの出会いがなければ、私の武士道が現実社会に展開されることはなかったように思う。ヘーゲルの力が、目に見えぬものを、目に見える形に変容させたのである。ヘーゲルによって、葉隠がこの世で息を吹き返したのだ。『精神現象学』に慟哭し、その『美学』に震え、そして『大論理学』に打ちのめされた。ヘーゲルのもつ騎士道が行間に滲んでいたのだ。

私の精神は打ち砕かれ、死に体に成った。その硝煙の中から、再び『葉隠』が思想として復活したのである。私の中で、葉隠の「死に狂い」と「忍ぶ恋」そして「未完の生」が、ひとつの生命科学として立ち上がったのだ。その始まりと成った思想が、この右の言葉なのだ。精神が生きるには、死と共に生きなければならない。そうヘーゲルは初めに私に語りかけてくれたのだ。この言葉によって、ヘーゲルの哲学は私の中で武士道の哲学と成った。この言葉によって、ヘーゲルの論理が壮大なる叙事詩と化したのだ。

no.37

これは狂気かもしれない、しかし筋が通っている。

Though this be madness, yet there is method in't.

『ハムレット』より

ウィリアム・シェークスピア（1564-1616）

イギリスの劇作家・詩人。初めは俳優としてロンドンに出て来たが、のち座付作者として戯曲を創作。四大悲劇と呼ばれる『ハムレット』、『オセロー』、『リア王』、『マクベス』をはじめ、『ジュリアス・シーザー』等数々の傑作を発表。後の世界に大きな影響を与えた。

人生で最も大切なものは、決断である。自己の生命が燃焼するのか、しないのかはそれによって決まる。岐路における自分自身の覚悟だ。恐怖を乗り越える勇気だ。それだけによって、自分の人間燃焼は決定する。ひとりの人間として、自己の生命を生き切らなければならない。生き切れない生命は、燻《くすぶ》り果てて腐る。人生とは、その二つに一つの選択と言ってもいい。二つに一つ、それを決定できるものは狂気しかない。勇気を伴う狂気である。

狂気の決断が出来るか、出来ないかによって、その後の人生は決まる。私は決断のとき、必ず困難で辛く収入も少ないものを選んだ。困難を克服することだけが、生命を燃焼させるものだと思っていたからだ。困難なものだけが、私の中に独自の論理を創り出す力をもたらしてくれた。だから自己の運命を切り拓くものは、私の場合は必ず困難と勇気だった。それを受け取り、それを抱き締めて突進することだけによって、私は自己の人生を切り拓いて来たのだ。

死にもの狂いの突進は、私に壮大な夢と遠大な運命を与えてくれた。切り拓くたびに、その運命は美しく大きくなったように思っている。右の『ハムレット』の呻吟を私は愛して来た。ハムレットは、私の決断のとき、必ず横にいてくれた親友だった。それは『葉隠』の精神と同じものだった。その精神は、ヨーロッパにおいてはキリスト教が担っていたと後年になって知った。そして、その精神は狂気であり論理だった。勇気と科学の婚姻だった。

no.38

救いは、自らの絶望を自覚するものにのみ訪れる可能性がある。

『邪宗門』より

高橋和巳（1931-1971）

戦後の作家・評論家・中国文学者。小説『悲の器』で戦後知識人の問題を独自の視点で追求。戦争・宗教・政治など幅広い題材で、精力的な著述活動を展開した。その後も『邪宗門』、『散華』など精力的に作品を発表した。埴谷雄高に師事し、終生まで交流があった。

高橋和巳の名作『邪宗門』の中の言葉である。高橋和巳は、私が魂の友と呼べる作家だった。その作品の数々は、私に愛の本質と絶望の生命的淵源を打ち込んでくれた。その『邪宗門』は、『悲の器』と並んで最も強い感化を与えてくれた。中学生のときに、二年間にわたって週刊誌の『朝日ジャーナル』に連載されていたものを私は読んでいたのだ。読み終わったとき、偶然に私は作家の三島由紀夫と出会った。そして第一声が、この『邪宗門』の文学論だったことを強く覚えている。

私は絶望の本質について、三島由紀夫に迫った。そのときの始まりの思想が、この右に挙げた言葉なのである。この言葉に続いて、『邪宗門』には、「絶望が人間存在を一つの〈精神〉に高めることもあるからだ」と書かれている。青春の真っ只中を生きる私には、その意味が深くは分からなかった。だから三島由紀夫に、その答えを求めて文学論として問うたのである。意味は分からなかったが、この言葉とその思想は私の中に強く印象づけられていたのだ。私は運命の足音を聞いていたに違いない。

私の人生は、絶望の連続だった。死の淵を見ることが、幾度あったか分からない。肉体の危機と精神の危機が、交互に絶えず私を襲って来た。しかし、人生を経るに従って、このこと以上の幸運は無かったと感じるようになったのだ。絶望が深ければ深いほど、大いなる生命の喜びに出会うことが出来た。自己の運命が、大きく飛躍したことを実感するのだ。絶望だけが、自己の本当の力を目覚めさせてくれたに違いない。絶望だけが、自己の運命に美しさを与えてくれたと思っている。

no.39

もっと大きい、もっと大事な幸福がある。

『クォ・ヴァディス』より

ヘンリック・シェンケヴィッチ（1846-1916）

ポーランドの小説家。大学卒業後、新聞社の特派員として社会時評を書きながら小説の執筆を開始。歴史長編で人気を博し、初期キリスト教徒の苦難を描いた『クォ・ヴァディス』で国民的作家としての地位を確立した。ポーランド人として初めてノーベル文学賞を受賞。

これは、私が「幸福」とは何かについて考え始めたきっかけの言葉である。小学校三年のときと記憶する。この古代ローマ帝国と、その迫害を受ける原始キリスト教社会を描いた文学は、私に魂についての深い考察を強いたのだ。この文学の中に生きた人々と、実在の聖ペテロや聖パウロの生き方は、私の魂に忘れ得ぬ刻印を残した。この壮大な文学そのものが、人間の真の幸福について語り続けていた。人生において、幸福ほど大切なものは無い。しかしまた、幸福ほど人間を堕落させるものも無いのだ。

幸福に浸ったとき、人間は自己のエゴイズムに取り憑かれる。幸福とは、自己に当てはめる考えではない。幸福とは、愛するもののために祈る観念なのだ。そして、永遠に向かって生きる、その希望そのものを言っているに違いない。掴むことの出来ぬ憧れに向かうことを、私は真の幸福だと思っている。幸福を掴んだとき、人間は必ず堕落する。幸福とは、記憶の中に存在する、過去の失われた故郷に他ならない。その記憶の先に向かう、我々の生き方なのだ。

私の幸福論は、この文学にその出発点を持つ。六十年を経て、私はその幸運を噛み締めているのだ。遠い憧れに向かう、真の幸福を私は知ったように思う。現状を肯定し、自己存在にあぐらをかくことだけは無かった。私は善きに付け悪しきに付け、いつでも明日に向かって生きて来た。その人生の記憶の中に、幸福の残骸が転がっている。幸福とは過ぎ去ったものの記憶であり、まだ来ぬ未来への期待なのだ。本当に美しいものは、まだない。

no.40

人間は本質的に病気である。……健康な人は、いつも病気が作り上げたものによって生きてきたのだ。

Der Mensch sei wesentlich krank. …Als ob nicht die Gesunden allezeit von den Errungenschaften der Krankheit gelebt hätten!

『魔の山』より

トーマス・マン（1875-1955）

ドイツの小説家。ナチスに追われアメリカに亡命、のちスイスに移住。完成された文体で理想的人間像を描き、20世紀を代表する文学者となる。精神と生の狭間の葛藤を描いた作品が多い。代表作に『魔の山』、『ブッデンブローク家の人々』等がある。

人間とは、文明の中を生き切る存在なのだ。それが、我々人間の宿命である。人間は、この地上に神の国を創ろうとして誕生した。つまり、宇宙の掟をこの地上において実現させるために存在していると言っていい。だから、地球的に見れば「反自然」ということになる。我々は、神の申し子として生まれた。我々は自然の中の一員ではない。我々は、自分の肉体の命よりも大切なもののために生きている。我々の魂には、その大切なものだけが刻まれているのだ。そのために、我々は死ななければならない。

愛、信、義などがその大切なものの名前である。地上にあるもので、これらのために自らの命を懸けるのは人間だけなのだ。だからこそ、それらが「人間的」と呼ばれることになるのだろう。しかし、それらのエネルギーは、地上の掟においては病気なのだ。我々人間の行動は、他の生き物から見れば全て病気である。そして、それでいい。それこそが、人間の正しい存在価値と言えるのだ。地球上の健全や健康は、我々の魂の敵だ。そう思わなければならない。

そう思って、初めて我々は人間としての生《せい》を生きることが出来る。人間としての死を迎えることが出来るに違いない。私の武士道は、トーマス・マンの文学に出会うことによって著しく直立した。『葉隠』の精神が、人間存在の正義として私の肚に落ちたのだ。マンの文明論には宇宙がある。そして、生命の本源が存在する。人間の文明の衰退を目の当たりにした、マンの慟哭が私に打ち込まれた。その涙が私の中で、息を吹き返した。

no.41

春は、やっぱり春であった。

『復活』（ヴァスクレセーニェ）より

レフ・トルストイ（1828-1910）

ロシアの作家・思想家。長篇小説を多数執筆、特に宗教的懊悩と人間存在の矛盾を描いたものが多い。領地の農民の教育にも力を入れ、道徳的人道主義を説いたことで知られる。代表作に『戦争と平和』、『アンナ・カレーニナ』等がある。

トルストイは、私の青春を創り上げた作家のひとりである。その『戦争と平和』、『アンナ・カレーニナ』そして『復活』は、私の人生を今でも支えている。トルストイを語るとき、必ず話されることは、これらの代表作の比較だった。『戦争と平和』そして『アンナ・カレーニナ』はいつでも最高傑作として名指されていた。しかし、『復活』はトルストイ晩年の失敗作と見なされていたのだ。その理屈は、嫌と言うほど読んだ。あらゆる文芸評論家がそう言っていた。それでも、私は『復活』を最も愛していた。

『復活』は、否定の文学である。人生を肯定する他の大作と、そこが決定的に違う。もちろん、肯定と希望の文学も好きだった。しかし、抱き締めて愛する文学は否定の文学だったのだ。否定の中で、もがき苦しむ生の中に、私は『葉隠』の精神を見ていた。どうにもならぬ人間の性《さが》の中に、私は人間の愛《いと》おしさを感じていた。やるせない事実が、この世を創っている。その苦悩の中を突進することだけが、本当の人生ではないだろうか。

そして、否定の真っ只中に、真の希望を見出すことだけが自己を立てることだと感じていたのだ。『復活』を読み了《お》えたとき、私は右のこの言葉に戻った。これが『復活』の真の意味だと思った。読み流してしまったこの言葉に、トルストイの真意を見た。トルストイが描写した自然は自然ではない。この春は、人間の愛である。信であり義だった。人間の人間たる掟が、すでに春そのものだったのだ。人間は、自分の生き方によって、いつでも自己の中に春を打ち立てることが出来る。

no.42

幸福なシジフォスを思い描かねばならぬ。

Il faut imaginer Sisyphe heureux.

『シジフォスの神話』より

アルベール・カミュ(1913-1960)

フランスの作家・劇作家・哲学者。サルトルと並び、20世紀のフランス実存主義の旗手のひとりに数えられる。苛酷な運命の不条理と、それに抗って生きる人間の尊厳を描いた作品が多い。代表作に『シジフォスの神話』、『異邦人』等がある。

「シジフォスの神話」とは、この世で最も不幸で過酷な罰を表わす物語である。山の上に岩を背負って上がり、その岩はまた転げ落ちる。落ちた岩をまた山の上まで運ぶ、そしてまた落ちる。その無限循環の不合理を与えられた「生《せい》」を表わす神話だ。この世における不合理の極地を、カミュは自己の実存哲学の根本に据えた。そして、それを中心としてあの偉大な「不条理の哲学」を築き上げたのだ。私が、武士道の根源をそこに見出したことは、ごく自然な成り行きだった。

その不合理と不幸の生命の中に、カミュは真の幸福を見出そうとしていた。偉大な実存哲学の最後を、カミュはこの言葉で締めくくっている。つまり、これがカミュの生命論の根源を支える思想なのだ。中学生のとき、私は『異邦人』に始まるカミュの哲学の虜《とりこ》になっていた。カミュの哲学は、私の中に新しい『葉隠』を与えてくれたように思う。その最初の衝撃を受けたのが、右の言葉との出会いなのだ。不幸の神話の中に、幸福を見出さなければならない。そうカミュが私に語りかけて来た。

カミュの思想は、私の中から近代社会の幸福論をすべて蹴散らしてしまった。その実存哲学は、私の運命が持っていた不合理をすべて「科学」へと変換したのだ。近代の幸福が私の中で死んだ。その真空の中に、無念の死を遂げた古の武士たちの霊魂が流れ込んだように思う。その死に果てた武士たちの無念が、私の魂の中で甦った。近代人には分からぬ幸福が、そこにはあった。決して理解されぬ美しさに覆われていた。私はただ独りで「シジフォスの神話」を生きようと決意した。

no.43

みづから刃《やいば》に伏し、今夜《こよひ》、陰風《かぜ》に乗りてはるばる来り菊花《きっか》の約《ちぎり》に赴《つ》く。

『雨月物語』「菊花の約」より

上田秋成（1734-1809）

江戸後期の読み本作者・国学者。俳諧、国学、和歌などを広く学び、浮世草子を書いて読み本を確立。怪談の形式で異界を描き、人間の本性を描き出した『雨月物語』で有名。『万葉集』や音韻学にも通じ、本居宣長とも交流があった。

「菊花の約」とは、士の本来を問う物語である。いったん交わした約束は、死んでも守るものだということを表わしている。それを断行した二人の武士の友情の言葉なのだ。美しい響きがある。美しい情景には美しく高貴な言葉がよく似合う。武士同士の信頼を乗せて、菊花の約は現代を穿《うが》っている。信頼に今も昔もない。九月九日重陽の節句に再会を約した男が、死んでその約束を果たすのだ。それを知った一方の男は、自分も命を懸けてそれに応える。

人間存在の原点が問われている。人間とは何かということに尽きる。愛の根源である。それが、ここでは武士の友情として描かれているのだ。不可抗力によって、約束の日に行けなくなった男は、自ら命を絶ち、霊魂となって約束の場所へ行く。それを感ずることが出来る男が、またそれを待っていたのだ。命と命が本当に触れ合っている。二つの生命が、人間としての本当の運命を摑み取っているのである。本当の運命を、命を懸けて創り上げているのだ。

私は、この物語を心の底から愛する。そして「菊花の約」という言葉を、死ぬほど大切にしている。私はこの言葉を、自己の人生の根源に据えているのだ。菊花の約を断行するために生きようと思っている。そして、そのゆえに死のうと願っているのだ。私の妻は、二十七歳で死んだ。その死を、私は菊花の約だと思っている。私との未来の約束を果たすために、妻は死んだと考えている。私のこれから来る死は、その約束を果たすためにだけある。

no.44

悟性の自由な合法則性、これが「無目的の合目的」と言われるものだ。

Der freien Gesetzmäßigkeit des Verstandes, welche auch "Zweckmäßigkeit ohne Zweck" genannt worden.

『判断力批判』より

インマヌエル・カント（1724-1804）

ドイツの哲学者。認識は対象の単なる模写ではなく、各々の主観の働きで諸感覚が秩序づけられることによって成立すると主張し、近代社会の基盤を確立。認識論における、いわゆる「コペルニクス的転回」をもたらす。代表作に『純粋理性批判』、『判断力批判』等。

悟性とは、人間的なものの総体を言う。つまり、人間力を形成するための知性や理解力そして分別などだ。それらが柔軟で自由に振る舞うほど、宇宙と生命の摂理に適っている。そのような状態を、カントは「無目的の合目的」（ツヴェックメースィヒカイト・オーネ・ツヴェック）と名付けたのである。そして、人間が人間として物事を判断するための、最も大切な資質としたのだ。私はこの思想に出会ったとき、自己の生命論が音を立てて肚に落ちて行く震動を感じた。人間がもつ、運命の根源をかいま見たのだ。

　その美しさを、私の魂が摑んだ。無目的の合目的は、我々の人生の躍動そのものである。与えられた宿命を抱いて、我々は自己の生命の先に広がる運命に向かって突進する。私の武士道がもつ理想の生命が、この哲学の中に横たわっていた。私は、自己の生命が燃え上がるのを感じた。この生命がもつ奔流は、すべて宇宙の本質と合致しているのだ。人間は、元々そのように創られている。それが生命の根源にある。それが我々の魂の淵源なのだ。カントのもつ論理が、私のもつ美学を愛《め》でてくれた。

　この思想を知ってから、私の生命は真の自由を得たように思う。それ以後の私は、自己の運命を信ずることが出来るようになった。目的が無くても、自己の生命を信ずれば、それは本源的な目的に間違いなく向かっているのだ。与えられた運命の中に、すでに正しい目的が収められている。そう、あのカントが論証してくれている。やはり『葉隠』が、最も正しい生命論だった。私の喜びは天を衝いた。我が生命の本当に自由な躍動こそが、すべての本源的価値を生み出す原因となるのだ。

no.45

私は火であり、供物《くぶつ》である。

『バガヴァッド・ギーター』より

『バガヴァッド・ギーター』

古代インドの大叙事詩「マハーバーラタ」中の一詩編であり、ヒンドゥー教徒の最上の聖典。戦争を前に葛藤するパーンダヴァ軍の王子アルジュナと、神の化身クリシュナの対話形式をとる。正義や義務、その他様々な哲学的概念が展開される。

※図は執行草舟コレクションの「古代ハッダ石仏」。

世界最古の聖典のひとつに、『バガヴァッド・ギーター』がある。最古ということは、最も正しい人間観だということに他ならない。人間がまだ汚れる前の、清純な魂を持っていた頃の記録だからだ。人間は神の言葉を、そのまま受け入れていた。つまり、宇宙と生命の法則が直に人間に打ち込まれていたと言ってもいい。我々の文明は、そのような原初の人々によって誕生した。そして人間は、自分たちが何者であるのかを、深く自覚していた。

あのマハトマ・ガンジーは、自分にとって死とはギーターを読めなくなることだと言っていた。ギーターとはつまり、原初の人間たちの躍動と希望が叩き付けられている書物なのだ。私も年少より、ギーターを愛読して来た。そのギーターの中で、右の言葉こそが私の魂を震撼させたのである。私はこの思想に出会ったとき、自己の中で確立しつつあった生命論の黎明を感じたことを覚えている。私の内臓の奥深くで、古代の魂が雄叫びを上げていた。

我々の生命は、火なのだ。それは燃え盛り、そして虚空の果てに消えゆく。暗黒の宇宙に煌く、一瞬の輝きと言えよう。一瞬だから、我々の生命は尊いのだ。一瞬だから、我々の人生は美しいのだ。その一瞬の中から、我々はすべての喜びと悲しみを摑み取らねばならない。我々はただひたすらに燃え盛り、ただひたすらに生命を抱き締める。なぜなら、その生命が宇宙の深淵から与えられたものだと知っているからだ。我々の生命は、宇宙の暗黒に向かって捧げられた煌く供物なのだ。

no.46

そこには、何か始原的な恐怖があった。

There was something primeval there and terrible.

『月と六ペンス』より

サマセット・モーム（1874-1965）

イギリスの作家。平明な文体で物語性に富む作品を数多く発表し、広く大衆に受け入れられた。また医師の資格を持ち、第一次世界大戦では軍医・諜報部員として活躍。代表作に『人間の絆』、『月と六ペンス』等。

我々の人生は、文明を生きることによって汚染されている。文明が悪いのではない。我々が、文明を誤解しているのだ。文明は、我々を安全で安楽にするために発展して来たのではない。文明は、人間がその宇宙的使命を果たすために展開されて来たのである。しかし、我々はそれを自己の怠惰によって汚してしまった。文明の中に、自己のエゴイズムの保障を見出そうとしている。我々は文明を誤解して、人間の実存と生命の本源を忘れ去ってしまったのだ。

『月と六ペンス』は、そのような人間に、真の人間の存在意義を突き付けて来る。つまり、人間としての真の燃焼とは何かという問題である。現代の文明社会において、我々が自己の実存と向き合うとき、我々には途轍もない恐怖が訪れて来る。その恐怖は、人間として当たり前のことを忘れてしまった恐怖なのだ。つまり、原初の自己自身と対面する恐怖である。実に原始的な古代的な恐怖が、我々に襲いかかる。我々自身の本質が襲いかかる。

この人間の原点にかかわる恐怖こそが、我々の乗り越えなければならない問題なのだ。我々は、文明にすっかり毒されてしまった。その心に、勇気を注ぎ込まなければならない。我々を脅かす恐怖の中に、真実の自己自身がいるのだ。本当の自分は、文明の始原的な原始の中に存在している。その自分と向き合わなければならない。始原的な恐怖とは、文明による汚染を取り去ったときの恐怖だ。その恐怖の中に、我々の生命にとって大切なものが潜んでいる。

no.47

死の気遣いにおいてのみ、魂は我れに返る。

L'âme ne reirent à ell-même ...que dans le souci de la mort.

『死を与える』より

ジャック・デリダ（1930-2004）

フランスの哲学者。構造主義の方法を哲学に導入し、「脱構築」という概念を提唱。言語の上に組み立てられた論理学を再検討した。代表作に『エクリチュールと差異』、『グラマトロジーについて』等がある。

私の青春は、一つの使命を担っていた。それは、『葉隠』の武士道を分解し、現代社会に対して再構築する苦悩とその立論だった。私の中では、武士道の思想が「原子」の段階まで分解されていた。武士道の原子は、私に強力な人生観を与えてくれていた。原子とは、武士道を創り上げた、個々の事実と現象の淵源を言う。しかし、その原子の核分裂を私は必要としていたのだ。分裂した原子の、その核融合による新しい思想を願っていた。つまり、自己の生存の超越である。

そのようなときに、最も強く私を応援してくれた思想が、ジャック・デリダだった。その西洋哲学の脱構築の力を、私は『葉隠』の核融合に使ったのだ。『〈幾何学の起源〉序説』と『エクリチュールと差異』を貪るように読んだ。デリダは、西洋の哲学と科学をすべて脱構築していた。その力は恐るべきものがある。その力によって、私は自己の武士道の脱構築を断行していったのだ。私の武士道は、それによって現代社会の中で甦ったのである。武士道が、現代と未来の思想と成った。

私は、デリダによってこの世に復活したと言ってもいい。そしてしばらく後、四十歳を越えた頃にデリダ晩年の傑作『死を与える』を読んだのだ。私は驚愕した。そこには、『葉隠』の武士道が書かれていたのだ。デリダは、私の知らないうちに逆に『葉隠』に到達していた。西洋哲学をすべて脱構築した結果、自己の武士道を確立していた。私と全く順逆の道を辿ったと言えよう。私は自己の思想の幸運を噛み締めていた。右の文は、デリダの葉隠である。私は人類の魂を思って、ただ哭いた。

no.48

これでも、俺は何かのために生まれて来たんだ、なぁそうだろ！

『どん底』より

マクシム・ゴーリキー（1868-1936）

ロシアの作家。幼時に両親を失い、独学しながら国内を放浪。新聞記者となり作品を発表するようになる。のち社会主義リアリズムの大御所として大成する。ソ連作家同盟初代議長。代表作に『チェルカシュ』、『幼年時代』、『どん底』等がある。

ゴーリキーの文学には、生命の悲哀がある。それは、十九世紀ロシアが抱えていた魂の雄叫びに違いない。私は特に、『どん底』を好んでいた。その舞台芸術の中に、自己生存の淵源を見出していたのだ。そして、その映画化の中に、私は青春の血の逆りを感じていた。あの伝説の名優ルイ・ジューヴェの演ずる「男爵」に、私は武士道の血を滾らせていた。それは永遠の友となり、私に遠く煌く悲哀を教えてくれた。すべてを失っても、人間には失ってはならぬものがある。

『どん底』には、その思想が蠢《うごめ》いている。その舞台は、極貧に落ちたこの世の敗残者たちの世界である。どうにもならぬ人間たちが、希望にもならぬ希望にしがみ付いて生きているのだ。この世の無残の巣窟と言えよう。落ちぶれた元「男爵」がいる。元「学者」がいる。元「美女」がいる。そして、みな悲しく切ない人間たちだ。しかし私はその中に、現代人よりも秀れたものを見出しているのだ。それは、「誇り」というものと言っていい。「くず」と成った人間たちにも、人間に生まれた誇りだけはある。

その一つが、右の言葉である。私の愛する「男爵」が、この言葉を言う。どこまで落ちようと、俺は人間なのだ。そう言っている。この身を、何かに捧げたい。何かの使命のために生きたいということに尽きる。そういうことを、仲間たちと語り合っているのだ。敗残者たちが、である。自分たちの現状を棚に上げて、人間の誇りに生きようとしている。暗く貧しい十九世紀のロシア社会において、それでも人間に生まれた使命に生きようとしている。私は現代を恥じる。

no.49

何とて悲の心ましまさずや、
我れは悲の器《うつわ》なり。

『往生要集』より

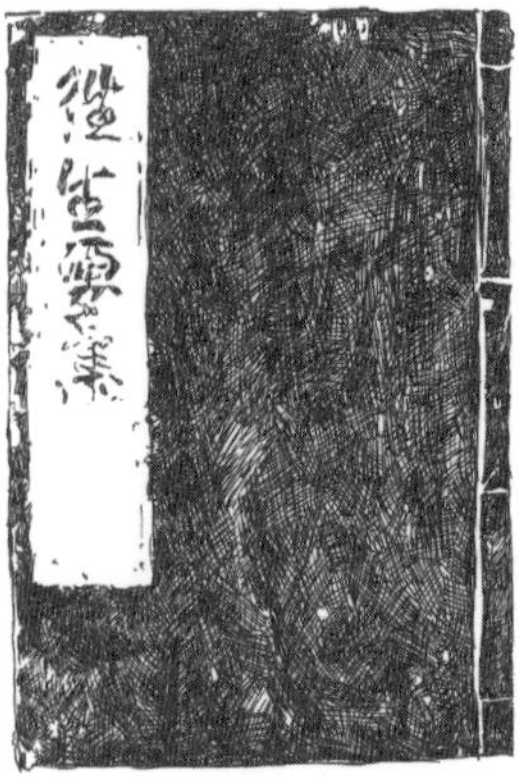

源信 (942-1017)

平安時代の僧。比叡山で良源に師事、のち横川《よかわ》の恵心院に住して修行と著述に専心。『往生要集』を著わして浄土宗の基礎を築き、法然、親鸞などに大きな影響を与えた。

「悲」とは、愛と慈悲の心である。源信は、その『往生要集』において、地獄の有様を克明に描き出した。そして、地獄に堕ちる者の特徴として、悲の心の欠如を問い続けたのだ。右の言葉は、地獄に堕ちたある者の叫びだ。閻魔の面前で、その者は言う。なぜ自分に悲の心をかけて下さらぬのか、納得がいかない。自分は現世において多くの人々に悲の心を与えた。自分は愛と慈悲の人間だと言うのだ。そして、それが本当なのである。その者は、悲の心に生きていたのだ。

しかし閻魔は、その内実を問うている。右の言葉に続いてその情景が写し出される。悲の名において、現世を生きた者の本質が浮かび上がる。それは愛と慈悲ほど、自己の名声を上げ他者を誑《たぶら》かすものは無いということに尽きる。その本質をどれほど人間たちは知っているのか。悲の心によって、現世を旨く生きた人間が今、地獄で裁かれようとしているのだ。自分で自分を、良い人間だと思っている者の結論である。現世の善人が、閻魔に裁かれているのだ。地獄では、表面ではなく本当の内面が裁かれる。

自己を、自ら「悲の器」だと言う人間は必ず裁かれる。その者は、愛と慈悲の名の下で他者を誑かす人生だったのだ。その厳しい本質を源信は問う。私はこの思想を知ったとき、源信が生きた世の中を自分なりに摑み取った記憶がある。源信を友と感じたのである。愛と慈悲を謳う人間ほど、嘘の人間が多かった。それは絶対の真実と言える。そして自らこの世の汚れを背負い続けた人ほど、共感できる人物が多かったのだ。私は源信を知って、閻魔すら友と感ずるようになった。

no.50

愛し、かつ憎むことのできる人においてのみ、思想は成長する。

La pensée ne grandit que chez ceux qui sont capables d'amour et de haine.

『人間—この未知なるもの』より

アレキシス・カレル（1873-1944）

フランスの外科医・生理学者。アメリカに渡りロックフェラー医学研究所で体外培養を研究。のち、血管縫合法の開発と臓器移植の研究でノーベル生理学賞・医学賞を受賞。第一次世界大戦時にはフランスへ戻り、傷病兵の救護に活躍した。多くのエッセーを残した。

人間が生きる上で、最も大切なものは何か。それは情熱ではないだろうか。特に、人間が人間として人間らしく生きるには、そうなる。情熱がなければ、我々の生命は動物に限り無く近い。そして、ひとつの化学反応の過程に過ぎない。しかしその化学反応の内部深くに、情熱が潜んでいれば話は別となる。つまり、人間が生まれるのである。人間のうち、最大のものの一人にルイ・パスツールがいる。パスツールは、情熱を「内なる神」と呼んでいた。生命の本質を知る者の発言である。

その情熱について、カレルは考え続けたのだ。そして右の言葉となった。我々は、この言葉の中に、情熱とそこから生まれる思想の本質を見出すことが出来る。私は、このカレルの本とこの言葉によって救われた思い出がある。私は『葉隠』の武士道だけで生きていた。そして、それは情熱だけによって成り立つ思想だったのだ。それを私は神としていた。カレルは、その私の武士道を科学的な論理に変換してくれたのだ。その生理学は、私の武士道を直立せしめたのである。

私は多くのものを愛し、そして多くのものを憎んだ。葉隠の思想の下に、私は死ぬほどに愛し、死ぬほどに憎んだ。それを良いとは思っていない。しかし私の体奥から溢れ出る情熱がそれを為さしめたのだ。私の精神と肉体は、葉隠の武士道に占有されていた。「死の哲学」から噴出する愛と憎しみが私を翻弄していた。その奔流が、私の思想を確立せしめてもいた。苦痛の叫びの中から、私の思想は生まれて来た。カレルとの出会いは、そのような私に本源的な「生」を与えてくれた。

no.51

そして、世界は泥である。

E fango è il mondo.

『カンティ』より

ジャコモ・レオパルディ（1798-1837）

イタリアの詩人。少年期に学問に傾倒し早熟な才能を開花。また複数の古代語を独学で習得、詩の世界へ入る。様々な不幸に襲われながらも、個人的な感情を超えた人生の悲哀を描き出した。後世のイタリア文学に与えた影響は大きい。代表作に歌集『カンティ』等がある。

この言葉は、私に自己の新しい世界観を一挙に確立せしめたのである。それだけの衝撃と、それだけの慟哭を私にもたらした。この地上の悲哀を、一身に引き受けるものが我々なのだ。人間のもつ宿命を私は直感した。そして人間を超克することの憧れを、私に植え付けたのだ。どうにもならぬ悲痛が、私に憧れの思想を与えてくれた。我々は、鉱物の地質学的変成に他ならない。その鉱物が、宇宙の淵源から魂を与えられたのだ。そして人間が生まれた。我々の宇宙性は、我々の泥土性の強さに比例する。

つまり、地上の悲哀を強く受けるほど、我々の宇宙的使命が開かれるということに尽きる。世界は、泥なのだ。世界は美しいところではない。この世界は、鉱物の末裔たる泥によって支配されている。その世界において、我々の使命が試される。蓮の花は泥の中から生まれて来る。泥を背負う者が、真の人間と成るのだ。私は世界の真実を見たように思った。世界とは何かを、私はこのレオパルディの思想によって理解したのだ。それは後年、「創世記」と結び付いていることに私は気付かされた。

この言葉は、私の尊敬するフランスの劇作家S・ベケットの座右銘だった。それを知り、『カンティ』を読んだのだ。この思想によって、私は長年考え続けていたベケットの演劇思想を摑んだように思う。この一文によって、ベケットの思想の核心に触れたのだ。そして、ベケットの真の世界性を理解したと思っている。私の世界観は、地球の上に直立することになった。泥とそれを生み出したものが、私の生命論と文明論に活力を注入した。泥が本当の命を生み出すことを、私は実感した。

no.52

百尺の竿頭《かんとう》に立ちて須《すべか》く歩《ほ》を進め、十方《じっぽう》世界に全身を現ずべし。

百尺竿頭須進歩、十方世界現全身。

『無門関』第四六則より

無門慧開（1183-1260）

中国、南宋の臨済宗の僧。若い頃に生死の問題に悩み各地を放浪、万寿寺の月林師観に参じ趙州無字の公案で大悟。宮中で雨乞いの祈祷をし、その功で仏眼禅師の号を賜わる。皇帝の勅によって参禅道場・護国仁王寺を創したことでも知られる。著書に『無門関』がある。

この禅語との出会いは、小学校四年の頃となる。それ以来、六十年に亘って私はこの思想と対面して来た。この中に、武士道の淵源を感じていたからだ。どうにもならぬ悲痛と、どうにもならぬ慟哭を私はここに見ていた。こういう人間に至りたいと願い続けたが、もちろん未だに至ってはいない。毎朝毎夕、願い続けた六十年だった。この言葉を地《じ》でいって、私は二度死にそうになったことがある。頭蓋骨を割った記憶は、今でも思い出すと身が震える。

百尺に及ぶ物干し竿《ざお》の頂上まで行って、そこからさらに一歩を踏み出さねばならないと言う。そして、この世のすべてに向かって素っ裸の自己を曝《さら》け出せと言っているのだ。人間には、出来るわけがないと誰もが考える。しかし人間だから、それが出来るのではないか。私はそう思うのだ。人間は、命よりも大切なもののために生きている。だからこそ、人間にはこれが出来る。もし出来ないなら、私は魂を持つ者として自己を恥じる。私はそう思い続けて生きているのだ。

私はこの思想を体得するために、数千冊の宗教書と科学書そして武士道の本を読んだ。私には、一つの信念がある。それは人間の生み出したことで、同じ人間の私に出来ないことはないという思想だ。いかに深淵なる禅の思想でも、私は必ずそれを摑み取る。そう思って生きているのだ。摑み取るとは、その思想を自己の人生で実現するということに他ならない。まだ、駄目である。しかし、何かその日が近いように思える。私は、この思想を体得したとき、『葉隠』の心臓に突入できるように思っている。

no.53

人は正しいものを強くできなかったので、強いものを正しいとしたのである。

Et ainsi ne pouvant faire que ce qui est juste fût fort, on a fait que ce qui est fort fût juste.

『パンセ』より

ブレーズ・パスカル（1623-1662）

フランスの哲学者・思想家。円錐曲線における定理の発見、確率論の創始など多くの科学的業績を残す。キリスト教弁証論を書くための覚書が死後『パンセ』としてまとめられた。「人間は考える葦である」という言葉が有名。実存主義の先駆けとしても知られる。

我々人類がもつ、最も悲しい宿命が述べられている。神の申し子パスカルにして、初めて言えることではないだろうか。これを言い切るということは、途轍もなく悲痛な人生を生きたに違いない。そのパスカルの涙が、私には見える。パスカルの慟哭が、私には伝わって来る。パスカルは、我が永遠の友である。呻吟の中に、真の幸福を見出した人だ。悲痛の中を、疾走した人生だったに違いない。精神の苦痛に、喘ぎながら『パンセ』は書かれたに決まっている。だからこそ、それは宝石のように美しい。

私は、パスカルからあらゆることを学んだ。パスカルを通して、私の武士道は確立して来たのだ。パスカルの信仰は、パスカルの騎士道である。信仰に命を懸け、その中に芸術と科学を落とし込んだ。その過程は、血で血を洗う凄惨な「行」であったに違いない。私には、痛いほど分かるのだ。パスカルの悲しみが、死ぬほどに分かるのだ。自己の信ずるものを、この世に垂直に立てる道程が分かるのである。その悲痛を辿ることは、私の責務となった。

そのパスカルの無念が伝わる言葉である。その無念を晴らすのが、私の人生の大きな目標なのだ。私は正しいと思うものを、必ず強いものにする。そうしなければ、その正しさは邪《よこしま》に敗れ去る。自分が斃《たお》れれば、邪が蔓延《はびこ》るのだ。私は、そういう気概をパスカルから受けた。それは、私の武士道であり、パスカルと共に歩む騎士道でもある。私は、人間にとって正しいものとは、精神の崇高だと考える。愛、信、義などだ。それを強く育て、物質至上主義を打ち斃さねばならぬ。

no.54

見るべき程の事は見つ、今は自害せん。

『平家物語』(内侍所都入)より

『平家物語』

鎌倉時代の軍記物語。平氏の興亡を描いた叙事詩的歴史文学。仏教的な無常観を基調に和漢混交文、七五調を主とする律分と散文で詩的に描かれている。のちに平曲として琵琶法師によって語られ、後世の文学に大きな影響を与えた。

『平家物語』の中には、人間の運命が舞っている。その悲痛を見上げ、その慟哭と共に歩むことが、平家を正しく読むことだと思っている。自分が自分の運命に立ち向かうとき、平家物語は自己の精神を支える叙事詩となる。平家は、日本人の無常観を体現している。それを読み切ることは、日本の無常を引き寄せることとなるのだ。無常こそが、中世以来の日本人を創り上げた思想だ。その中で、我々の祖先は喜びそして泣いた。それに、そのまま倣うのである。

右の言葉は、平知盛の最期の言葉として謳われている。この言葉の中に、私は運命の最も凝縮した姿を感じ取っているのだ。自己の運命を愛し、自己の運命を喰らい、自己の運命に体当たりした人間の言葉と感ずる。その武士道が滴り、その人生が彷彿とする。自己の運命を本当に生きた人間は、死を恐れない。死を恐れる人間は、生きることをしなかった人間なのだ。自分の運命は、全世界を包含している。全宇宙をその身に併呑しているのだ。自分の経験が、この世なのである。

そう思える人生を送りたい。本当にそう思うためには、自己の運命に体当たりしなければならない。自己に与えられた運命は、宇宙の深淵と生命の神秘、そして文明の精神のすべてをすでに含んでいる。そう実感する生き方が生む思想が、右の言葉なのだ。私は必ずそう生きる。高校生のとき、私は岩波の日本古典文学大系の『平家物語』を読んだ。そのときに、そう決意したのだ。平家は、自己の運命と重ねて読まねばならぬ。無常とは、自己を離れれば何の価値もない。自己と重ねることによって、それは千鈞の重みを持つ。

no.55

一度の春、あゝ、たった一度の春でいいのだ。それでも私の血には豊かすぎる。

Einer (Frühlinge), ach, ein einziger ist schon dem Blute zu viel.

『ドゥイノの悲歌』第9歌より

ライナー・マリア・リルケ（1875-1926）

ドイツの詩人・作家。20世紀を代表する詩人の一人として有名。パリでロダンと交流。のち欧州諸国を遍歴しながら、生の深淵を詠った詩を数多く生み出した。代表作に『ドゥイノの悲歌』、『マルテの手記』等。

　この詩行に出会ったとき、私の魂は今も忘れ得ぬ戦慄を受けた。それはリルケの放つ、純粋な憧れが私に強く伝播したからである。その『ドゥイノの悲歌』は、私の魂に革命の息吹をもたらしていた。その一行一行が、私の「忍ぶ恋」と交叉していたのだ。その交叉は、静謐な宇宙の空間で行なわれていたように記憶する。私とリルケは、この地上の関係ではない。宇宙の果ての、誰もいない美しい空間で我々は出会っていた。そしてリルケの憧れが、私の魂に忍ぶ恋の青い熱情を刻印した。

　リルケは、私の武士道自体にとってひとつの革命だった。読み進むその革命が、この第九歌に至って、私の肉体の奥深くに浸潤したのだ。私は右の詩句に出会ったとき、リルケの全体が肚に落ちた。その清純、その高潔、その崇高に、私の魂は震撼したのである。私はこの言葉だけで、一生を生きることが出来るだろう。そう思った。この世は、ただ一度のことを求めて生きているのだ。一度でいい。何もかも、一度でいい。多くを望む人生との、本当の決別が訪れて来た。静かに、それは訪れて来た。

　我々は、一度だけ生まれた。そして我々は一度だけ死ぬのだ。その宇宙的奇蹟の「間《ま》」に、我々の生《せい》の時間がある。一番大切なことは、すべて一度なのだ。自己の運命がもつ、この一回性に私はすべてを懸ける。私に与えられた、ただ一回の奇蹟を摑むために生きるのだ。生まれそして死ぬことは、すでに奇蹟である。だから、私の人生の時間には生の奇蹟が一度は必ずあるのだ。その運命に向かって、私は体当たりで生きる。リルケの憧れと共に、私は信じて生きる。

no.56

私は、自分が何者であるのかを知っている！

¡Yo sé quién soy!

『ドン・キホーテ』より

ミゲール・デ・セルバンテス（1547-1616）

スペインの作家。スペイン、イタリアの各地を転々としたのち、奴隷生活・入獄など波乱万丈の生涯を送りながら、想像力と才知に富んだ作品を創造した。『ドン・キホーテ』は、近代小説の先駆として世界を代表する文学。ほか『模範小説集』等。

こう言い切れることが、人間にとって最も大切なことだと思っている。こう言い切るには、そのような生き方が必要なのだ。そして、そのような死に様を想い描けなければならない。垂直な一本の軸によって貫かれた、自らの生《せい》が問われる。毎日毎日、毎朝毎夕、自己自身の人生を歩まなければ、このように言うことは出来ない。自分の魂で、自分だけの生《せい》を生きていなければならない。その積み重ねだけが、この認識に至る人生を与えてくれるのだ。

善か悪か、ではない。幸か不幸か、でもない。ましてや、成功・不成功や幸・不幸そして、地位・財産などは全く関係がないのだ。そんなものは、塵芥《ちりあくた》にもならない。自分の生き方が貫かれるかどうかの問題だけである。自己の気持や肉体なども全く関係ない。自己の魂が、自己の生存を愛し続けることが出来るか出来ないかなのだ。そして魂が創り上げる、自己の運命を愛することが出来るか出来ないか。問題は、それだけに尽きる。運命を愛し、運命に魂を明け渡した者が至る境地と言えよう。

世界文学としての『ドン・キホーテ』の魅力は、ドン・キホーテ自らが言う右の台詞の中に、そのすべてがある。この言葉は、人間の燃焼のすべてを表わしている。西洋の騎士道の本源を示してもいる。もちろん、日本の武士道の核心を言い当てた思想とも言えるのだ。つまり「運命への愛」。私は、この思想のために生きている。この思想を抱いて老いるつもりである。私は、こう言い切れる自分であるためだけに生存する。それ以外は、何も興味がない。そして、それだけで死ぬ。

no.57

山を動かす技術があるところでは、山を動かす信仰はいらない。

Where there is the necessary technical skill to move mountains, there is no need for the faith that moves mountains.

『魂の錬金術』より

エリック・ホッファー（1902-1983）

アメリカの社会哲学者。正規の教育を受けず、独学で幅広い学問を修得。港湾労働者として働きながら著述家として活動し、「沖仲士の哲学者」と称された。著書に『自伝』、『波止場日記』等がある。

本当の「技術」は、宇宙の真実と直結している。人間の文明が生み出した技術は、高貴で崇高でなければならない。真の技術は、そうなのだ。文明の技術は、神の掟を代行するものだった。人間は、技術というものの中に神を見出していた。文明の発祥において、技術はいつでも信仰を支えるものだった。その技術が、神を見失った現代文明に至って、我々の自死を招くものにまで成り下がったのだ。民主主義と工業文明が、技術自体を神として祭り上げてしまった。

右の言葉によって、ホッファーは現代文明に警鐘を鳴らしているのだ。逆説の哲学者の面目が躍如としている。山を動かすほどの信仰が、山を動かすような技術を生み出したのだ。それが、信仰と技術の正しい相関関係である。現代を生きる我々は、それを忘れてしまった。人間は、自分の力で現代の技術を作り上げたと自惚れている。私は、その悲劇的結末が近いように感じている。宇宙の根源的実在から離れてしまった技術には、未来はない。

技術が神と成ってしまった。それはもう、後戻りの出来ない道を歩んでいる。我々いまの人類は、多分、この技術に喰らい尽くされるだろう。それを我々は人類の発展と思うに違いない。しかし、それは違う。我々が本当の「人間」ではなくなるのだ。そして新しい人間が誕生するに違いない。人間とは、神の似姿として選ばれた宇宙的存在物のことを言う。私は、新しい技術が生み出す新しい「人間」が生まれると思っている。そのとき、我々がどうなるのか。それは誰にも分からない。私は、ホッファーと未来について一日中語り合った。

no.58

人生に先立った、人生そのものよりかもっと生き生きと、もっと切ないまでに愉《たの》しい日々であった。

『風立ちぬ』より

堀辰雄 (1904-1953)

小説家。芥川龍之介に師事。『風立ちぬ』で作家としての地位を確立。フランス文学の心理主義と日本の古典文学の融合を試み、知性と抒情の合わせ持つ独特の文学を築き上げる。ほか『聖家族』、『美しい村』等。

本当の愛、本当の恋が生み出した言葉だと感じた。堀辰雄のこの名作は、自己の「原体験」によって生み出されたことを私は実感した。ひとつの愛の苦悩、そしてもうひとつの恋の呻吟が生み出した人生の真の幸福ではないだろうか。自己の考えと自己の経験を捨て去った後の、本当の自己との出会いである。自己ではない自己と、自己自身が対面するのだ。それは、先験的（ア・プリオリ）な自己の実存を信ずることから生まれる。自己の運命を愛することから生ずるのだ。

自己以外の、何ものかに捧げられた人生だけが、それをもたらすことが出来る。つまり自己の運命を愛するとは、自己以外のものを命懸けで愛するということに他ならない。そのことによって、そのことだけによって我々は自己の本当の運命を生きることが出来る。その幸福を、堀辰雄は言っているのだ。幸福以前の幸福だ。不幸の中に煌く、生命の幸福と名付けることも出来るだろう。人間の燃焼にとって、最も大切な生き方である。それは生き生きとしているが、切なさを湛えている。

運命とは、そのようなものを言う。楽しい運命は、人間の運命ではない。真の人間の運命は、すべて生命が迸《ほとばし》り、そしてあくまでも切ない。その切なさを抱き締め、生き切るのである。そこに人生の豊かさが生まれるように思う。それこそが、人生の本当の愉しさだろう。人生の愉しさとは、切なさと悲しみを言うのだ。その中を突進する、その生命の迸りを表わすのだ。私の人生も、最も悲しく切ない日々が、最も思い出深い幸福の日々だった。

no.59

野生の象にとって最も残酷な敵は、飼い馴らされた象なのだ。

Kein Elefant ein grausamerer Feind der wilden Elefanten als der gezähmte Elefant.

『ガリレイの生涯』（覚え書き）より

ベルトルート・ブレヒト（1898-1956）

ドイツの劇作家・詩人。ミュンヘン大学時代から劇作家として活躍。従来の感情移入型ではなく、客観性、批判的精神を重視した叙事的演劇を確立。演劇に新たな風を吹き込んだ。『三文オペラ』、『ガリレイの生涯』等。

この言葉は、文明がもつ根源的悪徳を表わした思想だと思う。実際に、ここには革命の戯曲家ブレヒトの作品を支える中心思想がある。人間の尊厳を愛する者にとって、権力によって飼い馴らされた者に比する敵もいないだろう。飼い馴らされた者は、自己の生命の鬱屈を自由な生命に生きる者に向けて来るのだ。餌を得る者は、それを拒絶する者を決して許さない。それが、自己の生き方の正統性に突き付けられた棘《とげ》と成っているからだ。飼い馴らされた者は、自由なものを心の底から憎む。

現代の権力者は、無限の経済成長だけを志向している。そして、それに都合の良い人間だけを無尽蔵に創り出しているのだ。その手先となって、最も働く者たちがマスコミ人である。多かれ少なかれ、現代人は無限経済成長のためにのみ生存させられている。それを深く自覚することが、自己の生命を生かす根本となる。権力に飼い馴らされた度合いが強いほど、独立自尊の生命に対して激しく憤る。だから、独自の道を歩む者は、この方程式に習熟する必要があるのだ。

私は武士道だけで生きて来た。それは現行の権力と対立するものだった。武士道の独立性と孤高性が、消費文明から見て許すことが出来ないのだ。私はその中を生き抜いて来た。それも、何一つ妥協することなく今日までやって来た。その根本は、もちろん死にもの狂いの体当たりしかなかった。そして加うるに、読書を通して、権力者とそれに阿《おもね》る者たちの研究を欠かさなかったことだろう。私は権力者と飼い馴らされた者たちのど真ん中を、まっすぐに突っ切って来たのだ。その知恵と戦いは、私の唯一の自負となっている。

no.60

あゝ、星がみな降ってくる。

Oh! Toutes les etoiles tombent!

『ペレアスとメリザンド』より

モーリス・メーテルランク（1862-1949）

ベルギーの詩人・劇作家。パリで象徴主義に影響を受け、新しい演劇を創作。リラダンとの出会いを経て、「自由詩」を文芸雑誌に発表。ナチス・ドイツの侵攻から逃げ、第二次世界大戦中はアメリカへ移住。『ペレアスとメリザンド』、『青い鳥』で脚光を浴びる。

恋に生きる者は、みなこれを経験するのではないか。遠く煌く憧れに向かって生きるとき、人は星をその身の内に抱きかかえる。自己の魂が星に届き、星の悲しみが自己の中に響き渡れば、我々は星と共に生きることになるのだ。到達不能の恋と到達不能の遠い憧れが、地上の我々に汚れない崇高をもたらすのである。その崇高は、星の瞬きと共に我々を訪れて来る。その崇高をしっかりと摑み取らなければならない。そして、それと共に死ななければならない。

私の中に、騎士ペレアスの絶叫が聴こえて来る。水の妖精メリザンドの愛が、時空を越えて私を訪ねて来るのだ。二人の愛の中に、私の憧れと等しいものを見ている。真の憧れは、愛の本質と似ているのだろう。そして、それは人間に恋の熱情を運んで来るに違いない。天空から、星が降り注ぐ人間にならなければならない。あの天空の星に向かって生きなければならない。そして、この地上にその星を引き寄せるのだ。そこにこそ、人間の燃焼がある。

この戯曲は、私が初めて読んだフランス語の本だった。大学二年のときの教科書だったのだ。私はこの歴史的な恋愛の物語を初めて読んだことに、大変な運命的な誇りを感じている。私の武士道の根幹を支える、あの「忍ぶ恋」の現世的実現の一端を感じ取ったのだ。星が降り注ぐ「生《せい》」を摑み、星に向かう「死」を私は願っていた。その私の精神を、あの騎士ペレアスが台詞として話しているのだ。これが感激せずにいられようか。

no.61

趙州《じょうしゅう》の露刃剣《ろじんけん》　寒霜光焔々《かんそうひかりえんえん》
更《さら》に如《い》何《か》にと問うて擬すれば
身を分って両断と作《な》す。

趙州露刃剣　寒霜光焔焔　更擬問如何　分身作両断。

『五祖法演禅師語録』より

五祖法演（1024頃-1104）
中国、宋の禅僧。五祖山の寺に住していたことから五祖の名が付いた。中国における臨済宗中興の祖と呼ばれ、『無門関』の著者である無門慧開も法演の系譜を継いでいる。自分の弟子が寺の住職になる際に与えた「法演の四戒」が有名。

※執行草舟コレクション 神月徹宗筆「露刃剣」

私が最も愛する禅の思想である。私はこの言葉の中に、『葉隠』の精神を見出していたのだ。「死に狂い」「忍ぶ恋」そして「未完の生」が、この言語の中に犇《ひし》めいている。趙州は、禅の極点を示す巨星だった。そして小学生以来、私が誰よりも愛する禅匠であり続けている。その魂の深淵を、後に五祖禅師が表わした言葉なのだ。私はこの思想で、古今東西のあらゆる哲学・思想・文学そして自然科学を截断《せつだん》して来た。その刃《やいば》が、この言葉から生まれて来た。

私が現世と戦う剣は、この「趙州の露刃剣」を措いて他にない。これは趙州が、自己の崇高な生命そのものを一振りの剣と化したものである。それが露刃剣だ。露刃剣は、氷の中にあって重く光り続けるひとつの意志なのだ。焔々と燃えながら光る、太古の人間の魂とも言えよう。自己の露刃剣を帯びる者だけが、この世の邪《よこしま》と戦うことが出来る。そして、宇宙と直結した生命を生み出すことが出来る。露刃剣を佩《はい》した者は、人間を乗り越えて原人間に近づくのだ。そして、この天与の剣は己れの目の前にある。

それを摑むか摑まないか、である。私は摑んだと思っている。露刃剣が「何なのか」と問う人間は、その剣によって斬られるのだ。命懸けの生き方だけが、その剣と出会う人生を招く。自己の使命に向かって、不退転の決意で臨む者にこの剣は降される。その者は、この剣の力によって自己の茨の道を切り拓くのである。趙州の魂が降り注ぐのだ。その者は自由になれる。その者は愛を断行出来る。その者は憧れに向かって死ぬことが出来るのだ。私は自己の露刃剣を、死ぬほど大切にしている。

no.62

マルクスが、「私はマルクス主義者ではない」と言った……

Ich bin kein Marxist!　※「　」内の原文。

『日本の思想』より

丸山真男（1914-1996）

政治思想学者。日本型ファシズムと天皇制国家を論じ、戦前の日本の政治構造や精神風土を分析。『日本政治思想史研究』で思想史における新しい研究方法を打ち出し、戦後の論壇を主導した。ほか『日本の思想』、『現代政治の思想と行動』等。

私は中学生のときに、この丸山真男の『日本の思想』を読んだ。その感激は今も忘れない。私はこの本によって、日本の武士道を近代化するための哲学概念の基礎を得たのだ。その弁証法哲学は、今も私の強い思想となっている。そして、その本の中でも、私は右の言葉に最も激しい衝撃を受けたのである。当時マルクス理論は、最も多くの信奉者を持つ哲学だった。私は、それと戦うための読書を、死にもの狂いで行なっていたのだ。そこに、この碩学の文章が来た。

この言葉は、私の生存を揺がすほどの意味があった。すぐにその出典を調べた。それはマルクスの親友エンゲルスが、カール・シュミットへ送った手紙の中に確実にあったのだ。私は狂喜した。そして、自分自身が何度も経験したことのないほどの、精神的飛躍を遂げたのだ。あのマルクス哲学を築き上げた天才が、自分はその「主義者」ではないと言っていたのだ。私はマルクスが、なぜあれほどの唯物論を構築できたのかを即座に理解した。そしてその自由な精神の躍動を、私は自己に引き付けることが出来たのだ。

私はマルクス主義者を憎んでいた。それは「主義者」が持つ独特の偏狭性に対してだった。マルクスの理論そのものではなかったのだ。マルクスの学者としての実像を知るに及んで、私の思想は自由を得たのである。私の武士道が、生命の哲学に飛躍できるきっかけが出来上がった。私はマルクスの言葉によって、武士道に凝り固っていた自己から解放されたのだ。大嫌いだったマルクスが、私に自由を与えてくれた。本当に、この世は何も分からない。私の武士道は、未来をその射程に捉えたのだ。

no.63

「人間」の運命は、
この世のものとは限らないということを
決して忘れてはならない。

La destinée de l'homme ne se limite pas à son existence sur la terre et il ne doit jamais l'oublier.

『人間の運命』より

ピエール・ルコント・デュ・ヌイ（1883-1947）

フランスの生物物理学者・哲学者。表面張力の研究で知られ、独自に張力計を開発。ロックフェラー研究所のアレキシス・カレルのもとで勤務し、生涯で200を超える論文を発表した。代表作に『人間の運命』等がある。

人間の運命について、私はずっと考え続けて来た。人間がもつ運命ほど、私を魅了してやまないものはない。私は小学生以来、六十年以上に亘って数万冊の書物を読んで来た。いま思えば、それもすべて人間の運命に対する好奇心のもたらすものだったように思う。運命ほど過酷なものはない。しかしまた、運命ほど魅力のあるものもないのだ。運命は恐ろしく、また深淵である。我々人間は、一人ひとりがその運命を与えられている。その宇宙的な幸運を私は感じているのだ。

「運命への愛」（アモール・ファーティー）が、私の根本哲学である。人間は、自己の運命を愛すれば、あらゆる事象に通暁することが出来る。それは、自己自身がすでに宇宙の一環だからだ。自己の運命の中に、あらゆる現象が潜んでいる。あとは、それを掘り起こすだけなのだ。自己の運命を愛すれば、それが出来る。自己の運命の中に、宇宙と生命と文明の根源が横たわっている。自己の運命は、過去と現在と未来の時間を貫徹している。自己の運命は、この宇宙そのものである。

　悪運を憎まぬこと、そして不幸を厭《いと》わぬことが運命を抱き締めることに繋がる。運命に愛されなければならない。そのためには、自己の運命を無条件に愛さなければならないのだ。私は、そうやって生きて来た。それが私の最大の誇りを生み出している。私は自己の運命と共に生まれ、その運命だけで生き、この運命のゆえにこそ死ぬ。そして自己の運命のすべてを愛するのだ。生理学者ルコント・デュ・ヌイの著作に、私は自己の運命論の科学性を見出している。

no.64

私たちはみな、正しいことによる誤りを犯して来たんだ。

We all made the right kind of mistakes.

『華氏451度』より

レイ・ブラッドベリ（1920-2012）
アメリカのSF作家。新聞の販売員をしながら作家としてデビュー。以後、数多くのヒット作を世に出し、ポーの衣鉢を継ぐ幻想文学の第一人者として評された。代表作に『火星年代記』、『華氏４５１度』等がある。

『華氏451度』は、我々の文明がもつ一つの終末を描く名作である。我々のこの社会が、混乱のうちにその終焉を迎えることがよく描かれている。もちろん、知的劣化が、その最大の要因となっている。そして、人間に対する過剰な自信がその流れを作っている。その中にあって、私は正しいと言われるものの悪魔性を、文明の終末として深く捉えている。私が最も危惧することは、善人思想と優秀な人間が、この世を終わらせるだろうということなのだ。特に悪質なのが、「正しい人間」である。

右の言葉は、文明が終わるときに交わされる多くの会話の一片に過ぎない。しかし、この短い言葉の中に、私は人間の文明が行き着く明暗の鍵を感じたのだ。正しいと思われるものほど、恐ろしいものはない。それが私の人生の一つの結論なのだ。人間は、正しいことによって戦争を起こし、正しいことを全力で行なおうとする。その力が、人間の恐ろしい歴史を創って来た。そして、その力が恐ろしい未来をまた創るだろう。私は正しいものの恐ろしさを、見せつけられた人生だった。

正しいものには歯止めがないのだ。私は悪いことや誤ったことを、良いと言っているのではない。しかし、それらのものには歯止めがある。我々の文明を滅ぼすものは、必ず歯止めのない力の暴走に違いない。その力は、科学技術は言うに及ばず、自由・平等・博愛や弱者の中に潜んでいると思っている。知的劣化が、それらのものの暴走を止める知性を我々から奪っている。正しいものは誰にも止められない。それを止める力は、神だけである。しかし、我々は神を失って久しい。

no.65

すべて見えるものは、見えないものの崇高を証明するための存在でしかなかった。

『天の夕顔』より

中河与一（1897-1994）

小説家。川端康成、横光利一らと『文芸時代』を創刊し、新感覚派の旗手として活躍。マルクス主義文学論に反対して形式主義芸術論、偶然文学論を唱える。のち、抒情的作風にうつり、青年の純愛を描いた『天の夕顔』は、西欧諸国でも高い評価を得た。

見えるものに価値を感ずる者は、この世の誘惑に必ず敗北するだろう。この世の物質的・生物的価値は、我々の想像を絶する。それは強く、また温かい。美しく、また優しいのである。この世とは、我々の肉体がもつ生物的欲求に対して開かれた世界なのだ。それは、実に魅力のある存在とも言えよう。私は、その魅力を捨てろと言っているのではない。その魅力を凌ぐ価値が、我々の生命を貫く魂にはあると言っている。見えるものは、見えないものによって支えられているのだ。

私は少年の頃から、武士道だけが好きだった。『葉隠』である。その思想は、すべてが魂に愬《うった》える内容だけしかない。目に見えるものは、斬撃《ざんげき》と切腹しかないのだ。要は、自決と殺《さつ》戮《りく》である。その武士道に、私は惚れた。私は、死ぬほどに葉隠を愛して来た。それは私が武士道の核を支える、目に見えない「涙」を愛したからに他ならない。目に見えないものを愛する力を、私は偶然に持っていた。今は、それを私の最も大きな財産だと思っている。

見えるものを支える、見えないものには崇高がある。人間の魂を震撼させる高貴性だ。この世の物質は、その高貴性によって深奥を支えられている。それを見なければならない。その最も激しい論理が、葉隠の「忍ぶ恋」なのだ。自分が恋するもの、そして愛するものを支えているその崇高を仰ぎ見るのである。その崇高は、必ず自己の魂の躍動を呼び醒ますに違いない。清冽な純愛を描いた『天の夕顔』は、我々のうち深くに秘められた魂の崇高を呼び醒ませてくれるだろう。

no.66

人生意気に感ず、功名誰《た》れか復《ま》た論ぜん。

人生感意気　功名誰復論。

『唐詩選』「述懐」より

魏徴（580-643）

中国、唐初の政治家・学者。皇帝の太宗に重用され、宰相として活躍。太宗にじかに諫言するその節を曲げない人柄で知られ、『貞観政要』にやりとりが残っている。『梁書』『陳書』『北斉書』『周書』『隋書』の各正史の編纂に関与した。

私は、心意気だけで生きて来た。信奉する『葉隠』がそのようなものだから、必然的にそうなってしまった。だから、私には心意気の他は何もない。そして、この頃に至ってその幸福を嚙み締めている。私は現世のものを多く失って来たが、何よりも美しいものを手に入れて来たように思う。それは、魂の躍動である。呻吟と言った方がいいかもしれない。苦悩であり、咆哮《ほうこう》とも言えよう。そのようなものだ。それが、私の心意気を支えて来た。そしてその心意気のゆえに、私は多くの偉大な魂と交流することが出来た。

その心意気について、私の最も早い時期に、最も大きな影響を与えてくれたのが右の言葉だった。歴史上、最も尊敬する人物のひとりである魏徴が、こう言っているのだ。これは『唐詩選』にある。その中で、「述懐」は最も愛する詩と言えよう。唐詩選を座右に置いて、私は青春を過ごした。その中心の思想が、この言葉なのだ。あの唐帝国建国の功臣が、こう言っているのだ。私は、この思想に倣《なら》う人生を築こうと決意した。そしてその決意は、半世紀以上に亘って揺らぐことがない。

自己の運命に、真正面から体当たりする人生である。それ以外のことは、全く意に介す必要がない。現世のことは、すべて適当にやっていればそれでいい。人間の魂が問題なのだ。自己の運命を愛するのだ。自己の運命の生きる場所だけに、「世界」はある。他の場所は原っぱである。分かり合える者だけが大切なのだ。他の者は空気だ。それが魏徴を創った。目に見える「偉大性」はすべておもちゃなのだ。飾りである。見る必要はない。魏徴の魂だけを見つめ続けなければならない。

no.67

不幸だということは、だから幸福じゃないということにはならない。

Que je sois malheureuse ne prouve pas que je ne sois pas heureuse.

『オンディーヌ』より

ジャン・ジロドゥー（1882-1944）

フランスの劇作家。高等師範学校を卒業後、ハーバード大学のフランス語教師として渡米。帰国後に外交官を務めながら創作活動に励み、数多くの戯曲を発表。そのほとんどが俳優のルイ・ジューヴェが主宰する劇団によって上演され、成功を博した。戯曲『ジークフリート』、『オンディーヌ』等。

私はジロドゥーの演劇を愛して来た。尊敬する戯曲家だった加藤道夫がそれを愛していたからだ。その影響で、中学二年のとき、劇団「四季」による日生劇場での「オンディーヌ」の公演を観たことに始まる。加賀まりこがオンディーヌを演じ、北大路欣也が騎士ハンスを演じた。それは目に焼き付くような名演だった。ジロドゥーの戯曲に、若き演出家 浅利慶太の自然主義リアリズムが貫徹する珠玉の舞台だった。読書と観劇の両輪により、ジロドゥーは私の人生の最も深い場所に打ち込まれたのだ。

オンディーヌの生き方を通して、私は自己の生命哲学を構築していった。水の精霊オンディーヌと比して、私は自己の現世的虚飾性に恥入る日々を送ったのだ。現世を乗り越えることが、私の最大の欲望となった。彼岸の精神を目指すことに、私の青春の血は煮え滾ったのである。私は「オンディーヌ」から、幸福と不幸の弁証法を学んだように思う。そして生命と霊魂の相克と和解を知ったように感ずるのだ。それは、私の武士道を飛躍させた。葉隠の中に、リアリズムに基づくロマンティシズムが投入されたのだ。

右の言葉は、その引き金になったものだ。この台詞に続いて、オンディーヌはしくじると分かっているものに全力で突進する生《せい》を、人間の性《さが》として語っていた。そして、その中にも人間は本当の幸福を見出し得るのだということを言っていたのだ。オンディーヌがそう語った。すべては、その水の精霊の力なのかもしれない。私の脳髄は破壊され、新しい脳が生まれ出づるのを感じていた。演劇の真の魅力は、人間の運命を破砕する現実的力にある。

no.68

母がなくては、愛することは出来ない。母がなくては、死ぬことは出来ない。

Ohne Mutter kann man nicht lieben. Ohne Mutter kann man nicht sterben.

『知と愛』より

ヘルマン・ヘッセ（1877-1962）

ドイツの詩人・小説家。牧師の家に生まれ、神学校に進むが中退、詩人を志す。精神と自然の対立に葛藤する人間の内面を追求。高い精神性と東洋的神秘を融合させた作品でも知られる。代表作に『車輪の下』、『デーミアン』、『荒野の狼』等がある。

ヘルマン・ヘッセは、私の青春だった。『車輪の下』に始まり、『郷愁』『デーミアン』『知と愛』等々は私と青春の苦悩を共に過ごした親友とも言える。魂の苦悩を共にしたのだ。友情に最もふさわしい文学だったように思う。憧れへの苦悩を共にするのがヘッセであり、絶望の苦痛を共にするのがドストエフスキーだった。両者は両輪をなし、私の青春を牽引してくれたのだ。ヘッセには、憧れがある。そして、それは遠く悲しいものを見詰める「何ものか」である。

人間を超えたものを求めていた。宇宙の果てから帰還する、何かを待つような精神とも言えよう。私の青春は、そのようなものだった。ヘッセが願う憧れは、人間を超えた恩寵《おんちょう》を見詰める憧れなのだ。それは、「母なる力」とも呼ぶべきものではないだろうか。自然などというものではない。もっと大きな、もっと深い、そしてもっと深刻な生命の淵源である。ヘッセは、それを母なる力と考えていたに違いない。人間は、自分の力で生きているのではないのだ。

自己の存在そのものが、すでに宇宙意志の恩寵とも言えるのだ。その力によって生きる自己の自覚が、ヘッセの文学を生んでいる。それが、右の言葉に収斂されているように思う。『知と愛』の最後の言葉だ。人生で最も大切な、愛と死の現実を言っているのだろう。人間存在の核心を創る愛と死すらが、恩寵の力によって生まれている。死ぬほどの愛と永遠の死も、共に与えられたものと言っている。その本当の認識と自覚が問われる。その上に築き上げられた自己こそが、真の自己自身なのである。

no.69

彼は決意にみなぎっていたが、ほとんど希望は持っていなかった。

He was full of resolution but he had little hope.

『老人と海』より

アーネスト・ヘミングウェイ（1899-1961）

アメリカの小説家。第一次大戦に従軍後、新聞記者としてパリに赴任、傍らで作家活動を開始する。死と隣り合わせの現実に直面した人間の勇気を、ハードボイルドな文体を駆使して描いた。代表作に『誰がために鐘は鳴る』、『老人と海』等がある。

その老人は、サンチャゴという漁師だった。私は若き日より、このサンチャゴのことが大好きだったのだ。『老人と海』は、何度読んだか分からない。読むたびに、私は自己の人間存在の根底を揺さぶられる思いがしていた。男らしさの中に、無限の優しさを秘めているように感ずる。激情を支える科学的精神には震えるものがある。そして何よりも、宇宙の中心から直に勇気を注ぎ込まれている。その魚との戦いの中に、人間の人生がすべて表わされているのだ。

右の言葉は、その老人の人生を表わしている。勇気を持ち、決然と自己の漁師としての人生に挑んでいる。しかしそれは、我々が思うような希望に支えられているのではない。もっと深い、もっと美しい、もっと悲しいものに支えられているのだ。私はそれを「運命への愛」だと感じた。これが本当の運命を抱き締めた人間の姿だと思った。自己の運命に対する誇りというものかもしれない。現実と戦い続けた人間のもつ、真の生命が摑み取るものに違いない。

それが、この老人にはある。この人物は、何らかの希望によって動くのではない。運命が、この人物を動かしているのである。このような運命が、人間に与えられた本当の運命なのだ。自分に与えられた運命を見つめ、その誇りのためにこそ立つ。それが愛の本質ではないかと私は思う。目的など無いのだ。そんなものは、どうでもいい。そう生きる生き方が大切なのではないか。運命に殉ずるのは、そう簡単ではない。そのための過程こそを、我々は鍛練と呼んでいるのだ。

no.70

愛は、知の極点である。

『善の研究』より

西田幾多郎（1870-1945）

哲学者。東洋思想を根底に置き、それを理論化して西洋哲学と融合しようと試みた。その思想を独自の西田哲学として樹立。のちの哲学思想に大きな影響を与えた。著作に『善の研究』、『自覚に於ける直観と反省』等がある。

西田幾多郎の哲学に挑んだのは、青春の早い時期だった。禅の深奥に触れたく思い、夜を徹して読んだ記憶がある。西田の根源には禅があるからだ。『善の研究』、『自覚に於ける直観と反省』など、その著作は多い。何も分からずに、それらを読み続けた。西田の思索の跡を追うつもりで読んでいた。西田哲学には、結論はない。西田の偉大な頭脳の中に展開される、思索の過程があるだけなのだ。その過程が、世界中のどの哲学にもない魅力を与えてくれる。著者と共に、その書物を一緒に創り上げていくような喜びがあるのだ。

何も分からぬほど難しい哲学だった。それにもかかわらず、読めば読むほど深い味わいと喜びが湧き上がってくる。西洋哲学とは全く趣きを異にしている。何年も読んで分かったことは、西田と思索を共にすることが、その哲学そのものだったということなのだ。そして、これこそが日本の思想だろうと思った。西田の禅の思想とは、思索を共にする喜びなのだと私は感じた。私は知と愛の混合を、西田哲学に強く感じた。それは知識と感情の融合ということでもあるだろう。

知の中に愛を感じ、愛の中に知を認識する。それが日本の哲学のように思った。そしてその中心となった言葉が、右に挙げた思想なのだ。愛と知は交互に錯綜し続ける。そして、最後に愛の全面的な支配を受けるものこそが知なのだ。また、そうでなければならないのだろう。愛の支配を受けない知は、知ではない。西田哲学の核心を私はそう思った。この日本人の打ち立てた世界哲学を、我々日本人自身が忘れてしまったように思う。日本の未来は、西田哲学の先にある。

no.71

掟《おきて》のないところには、
罪もまたない。

『蒼ざめた馬』より

ロープシン（1879-1925）

ロシアの革命家・小説家・詩人。本名・ボリス・サヴィンコフ。社会革命党戦闘団に加入し、帝政ロシアの要人暗殺を指揮。のち二月革命に際しては、内閣の陸軍次官を務める。反革命運動を行なうが捕縛され、獄中で自殺した。『蒼ざめた馬』等。

筆名ロープシンことボリス・サヴィンコフは、ロシア革命に向けたテロリズムの社会を生きた。その実感から来る、悲哀と熱情がその文学の魅力である。革命に向かうロシアは、社会組織が崩壊に瀕していた。そこでは虚無主義が吹き荒れ、人間のもつ自由の精神は萎え果てていたのだ。その時代は、社会の掟の衰弱による現象が蔓延った。私には、この社会と現代の日本が、二重写しに見えるのである。だからロシア革命の文学は、私の心を打つものが多い。

両者ともに、その原因に違いはあるが、掟を失いつつあることが似ているのだ。崩壊に瀕する社会を表わす、まさに裏と表の関係を私は感じていた。掟のない社会においては、人間は罪を感ずることが出来ないのだ。その恐ろしさを、ロープシンの文学は表わす。そして右の言葉となる。罪を感ずることが、社会を成立せしめている。罪とは、文明そのものなのだ。この件《くだり》の後、ロープシンは罪のない社会では「人間の生」もまたないのだと言っている。そして「人間」としての死が待っていると。死には掟がないからだ。

ロープシンの生きた悲しむべき社会を、いま日本に生きる私も生きているのだ。日本の現状は、掟のない社会に向かって突き進んでいる。その社会では、人々は罪を感ずる心を失っていくだろう。罪は掟の属性なのだ。そして、革命の前のロシアのように人間の生を失っていくに違いない。人間とは、罪を背負って生きる存在なのだ。それを乗り越えるために、人間は生きて来た。その罪を感じないならば、我々の人生が立つわけがない。「人間」の死は間近い。

no.72

より深く私を傷つける者こそ、より深く私を愛する者なのだ。

Celui qui plus profondément me blesse, plus profondément m'aime.

『聖セバスチァンの殉教』より

ガブリエル・ダヌンチオ（1863-1938）
イタリアの詩人・小説家・劇作家。富裕地主の家に生まれ、16歳で処女詩集を発表。精力的な創作活動を続け、耽美的・デカダンな作品を多く著した。また、政治活動もよくした。代表作に『聖セバスチァンの殉教』、『死の勝利』等がある。

聖セバスチァンの殉教は、ヨーロッパの中世を語る上で欠かすことが出来ない。その思想は、キリスト教が成し遂げた人類的偉業だった。真のヨーロッパの土台が、この世に打ち込まれたのである。キリスト教の偉大性は、死を厭わぬことにある。現世を捨て、永遠の生命に生きようとするその清冽な魂にあるのだ。日本の武士道を愛する者は、またキリスト教の精神を愛した。内村鑑三がそうだった。そして、あの三島由紀夫もそれに倣《なら》った。キリスト教が放つ魅力は、魂の永遠と生存の復活を信ずることにある。

右の言葉は、聖セバスチァンの本質を物語るものだ。つまり、キリスト教の真髄であり、ヨーロッパ中世の魂と言うことになる。この霊験劇の終わり近くに、聖セバスチァンが語る台詞である。この思想が、中世を創り上げたのだ。そして、偉大なヨーロッパ近代を生み出す土台ともなった。愛は、打ちひしがれ傷つけられた者の中から生まれる。愛は、優しさの中からは生まれないのだ。美しく優しいものは、人間の欲望と権利を助長する結果にしかならない。

生命の本質を、原始キリスト教は捉えたのだ。我々の生命が、なぜ生まれたのか。なぜ我々は生きるのか。そして、なぜ我々は死ぬのか。死ぬことのない生命とは何か。それらのことを、キリスト教は捉えた。そのキリスト教がヨーロッパの中世を創ったのだ。そして中世の象徴こそが、殉教だった。この殉教を忌み軽蔑することによって、近代が生まれた。そしていま、近代の末端に我々はいるのだ。中世の遺産を食い尽くしながら、我々は恥じることがない。

no.73

正しい言葉とは、沈黙の反響に他ならない。

Wort ist nichts anderes als die Resonanz des Schweigens.

『沈黙の世界』より

マックス・ピカート（1888-1965）
ドイツの哲学者・医師。大学で医学を修め、医者としてミュンヘンで開業。のち職を辞してスイスに移住、イタリアに接するティチーノ州のルガーノ湖畔に住し、著述活動を始めた。著書に『沈黙の世界』、『神よりの逃走』等がある。

沈黙とは、人間の内部を言う。それは外部を支える土台であり、暗く重く固く強いものである。我々の内臓に巣食う、我々の淵源なのだ。我々の骨髄の奥深くに潜む、原始の息吹でもある。そして我々の宿命であり、今日を創って来た運命の総体のことなのだ。自らが声に出した、その音の故郷を言っている。動きの中に潜む、我々の人生の経験なのだ。それらのものすべてを、沈黙と言う。我々の人生を決定するのは、その目に見えない沈黙なのだ。

長い沈黙だけが、人間に真の力を与える。沈黙の中で、苦悩し呻吟して来たことだけが他者に伝わるのだ。沈黙の中で培われたものが、人生を切り拓いていく。右の言葉は、言葉のもつ力の本質を語っている。言葉とは、本当は言葉ではないのだ。それは人間の雄叫びであり、人生の深淵が創り出す祭典とも言えよう。人間の外面は、すべてが祭典なのだ。その祭典に意味を付けるものこそが、沈黙と呼ばれるものに他ならない。沈黙がなければ、人生はない。

自らの言葉に力のない者は、自らの人生に沈黙がないのだ。言葉の訓練などは無駄にしかならない。人間としての沈黙を積み重ねることが大切なこととなる。人間の内部に潜む沈黙は、この世界に対して電磁的反響として作用する。人間は、実は何もする必要はないのだ。沈黙さえあれば、その反響は世界に向かって放たれる。現在だけではない。過去にも、そして未来にもその反響は及んでいく。それは一つの電磁エネルギーとして、人間存在のすべてを覆っていく。

no.74

恐るべき美が生まれた。

A terrible beauty is born.

『イエイツ全詩集』「1916年復活祭」より

W・B・イエイツ（1865-1939）

アイルランドの詩人。神秘的な美への憧憬を基調とした作風から出発。のちに現実を直視し、現代の矛盾や苦悩を象徴的に描いた詩作で名声を得た。アイルランド文芸復興にも尽力した。代表作に詩集『塔』、『螺旋階段』等がある。

これは、一九一六年アイルランド革命の夢と挫折を謳った詩の一節である。アイルランド独立を願う革命は、英国軍によって制圧された。それは夥《おびただ》しいアイルランド人たちの犠牲の上に終焉したのだ。その熱情が奏でられていく。その悲しみが響き渡るのだ。イエイツの深奥の涙が私の脳髄を浸食していく。そして、その震動が私の信念の中に、ひとつの美学を打ち込んだのである。それが、この右に挙げられた言葉なのだ。美の革命が、私の運命を襲うこととなった。

私の中に、真の憧れに基づく美の概念が創造されたのだ。私はそれまで、美を美しいものだと思っていた。しかしこの詩が謳う、この「思想」に出会うことによって、その考え方は破砕された。憧れが、美の中枢を占めることになった。人間の運命のもつ「義」が、私の美を創り出すこととなったのである。生命の雄叫びとその悲しみが生み出す清冽が、私の魂に新しい美を刻印したのだ。それが、この「恐るべき美」という思想である。詩の中で繰り返されるこの言葉は、人間の運命に対する、ひとつの衝撃を創っている。

憧れの下《もと》に死ぬことが、この恐るべき美を生むのである。真の憧れが生み出す美が、この恐るべき美なのだ。私は自己の思想の中に、美の根源の実在を感じた。新しい美は、人類の夢の中に存する。それが二十世紀初頭の革命によって、生み出されたのだ。私はこの新しい美のために生きる。この恐るべき美に殉ずる覚悟が、私の肉体を貫通したのを実感した。そのとき、私は三十三歳だった。妻を失い、わが事業はまだ生まれていなかった。

no.75

人は正しく堕ちる道を堕ちきることが必要なのだ。

『堕落論』より

坂口安吾（1906-1955）

小説家。戦後社会の混乱と退廃を反映する独自の作風を確立、大胆な文明批評で戦後を代表する文学者の一人となった。歴史小説や推理小説も手がけた。評論『堕落論』、小説『風博士』等。

人間は、自分自身の力で立たなければならない。人生とは、自己の運命の独立と自尊にそのすべてがかかっている。自分だけの責任で立たなければならない。自分だけの意志で生き抜かなければならないのだ。自分を正しく見る者にだけ、このような生き方が出来る。自分を科学的に見詰めるということに他ならない。それ以外に、自己の生命が燃焼することはない。自分の人生が拓くこともまたない。生まれ、生き、そして死ぬ。そのすべてが、自分の運命の躍動からしか生まれないのだ。

そのためには、人間は正しく堕ちなければならない。自分のことが大切な人間や、自分が得をしたい人間などは堕ちることが出来ない。そのような人間は、堕ちるときも間違った堕ち方をする。そして、その人生は腐り果てて死ぬのである。正しく堕ちる者とは、自己の運命のために堕ちる者を言う。自己の前に現われる運命に立ち向かい、一歩も引かずにその運命に体当たりを喰らわす者だ。その人間は、馬鹿かもしれない。しかし見所だけはある人間に違いないのだ。

失敗し挫折し、苦悩し呻吟するのである。悲痛に哭き、空腹と渇きに喘《あえ》ぐのだ。それが正しく堕ちる者の雄姿だと私は思っている。そして堕ち切らなければならない。その泥沼から、自力だけで立ち上がるのだ。自力とは、自己の運命と与えられた生命の全力を使うことを意味する。宇宙の力だけに頼る。そのような人間だけが、本当の人生を生きる。自己の運命を、本当に愛する者になれる。自己の運命を生き切れるのだ。私の最大の誇りは、自分が正しく堕ちた人間だったことに尽きる。

no.76

社会と私のどちらが正しいか、確かめてみたい。

『人形の家』より

ヘンリック・イプセン（1828-1906）

ノルウェーの劇作家。裕福な商家に生まれるが8歳のときに家が破産。苦学しながら作家活動を続け、ドイツ・イギリスを中心に活動、27年間を過ごす。その後、散文によるリアリズム劇を手掛け、近代劇の第一人者となった。日本文学、演劇にも大きな影響を与えた。『人形の家』、『幽霊』等。

自立して生きようとする女性、ノーラが語る有名な言葉である。女性の自立が全く無かった十九世紀において、ノーラは多くの人々に深い感動を与えた。女の幸福の型が作られていた時代に、ノーラはそれを打ち毀したのだ。その決意を語る言葉だ。私は、この言葉の中に本当の勇気というものを見ていた。幸福になりたい者、成功したい人間、他者の評価を気にかける人たちには決して分からない考え方だろう。自己の運命を愛する人間にしか言えないことだ。自己の生命を抱き締める者にしか出来ないことだ。

ノーラは、自分の力を過信しているのではない。自分の納得する運命を生きたいだけなのだ。自分の行き着く先に、どのような不幸が待っていようと一切かまわない。自分の運命を堂々と受け入れるつもりに違いない。だからこそ、言えることなのだ。自分が正しいと言っているのではない。社会が間違っていると言っているのでもないのだ。そんなことは、どうでもいい。自分自身の生命を本当に燃焼させたいのである。命を抱き締めたいのだ。

十九世紀に、このような女性がいること自体が人間の崇高を感ずる。私は中学生のときに、この戯曲を読み舞台を観た。そして、男である自己を深く恥じた。何の制約もない社会を生きる自分に、ノーラの何分の一の勇気も見出せなかった。自己の生き方を恥じることは、新しい武士道の解釈を私の中に生み出した。十九世紀に実在したノルウェーの一女性の生き方が、二十世紀に生きる私の「葉隠精神」を凝結せしめたのだ。思想の確立は、まさに魂の交流によってしか生まれない。

no.77

「天」は一匹の蛇の栖《すみか》のために、数々の奇蹟のこの堆積を作ったのか。

Le Ciel a-t-il formé cet amas de merveilles pour la demeure d'un serpent?

『プシシェ』より

ピエール・コルネイユ（1606-1684）

フランスの劇作家。イエズス会の学校に学び、その後法律を修めて弁護士として働く傍らに戯曲を書いた。フランス古典劇の確立者として名高く、情念と理性の葛藤を意志で克服する英雄的人物を題材とした作品を創出。代表作に『ル・シッド』、『オラース』等がある。

私の愛読書の一つに、ポール・ヴァレリーの『若きパルク』がある。それは私の若き日の血潮を、最も吸引した哲学詩だった。私の生の慟哭を、情容赦なく見据えていたのだ。私の青春の呻吟が、その詩にある「地獄の女神パルク」の眼差しを受け続けていた。難解をもって知られるその長編詩に、私の生命が打ち勝つ日が来た。その引き金が、右のコルネイユの言葉なのだ。これはヴァレリーが、『若きパルク』の劈頭《へきとう》に掲げていた言葉だった。この暗示を考え続けることによって、私はパルクを摑んだのである。

人間は、自己自身の生命の尊厳を本当に知っているのか。それを知る者は、ほとんどいない。私も、もちろんすべてを知る者ではないが、少なくとも知る努力を続けているのだ。一匹の蛇とは、我々の生命の本源を司る宇宙（暗黒）エネルギーのことである。クンダリニーとも言われている。それが、我々の肉体に棲んでいるのだ。その宇宙的な運命を知らなければならない。クンダリニーには、宇宙の神秘がすべて凝縮している。それが、我々の生命の根幹を創っている。

だから我々の運命は、宇宙のすべてを知り尽くしているのだ。我々は宇宙の一部であり、宇宙は我々の運命のまた一部と言える。そして我々がこの世を生きるその運命は、すべて宇宙的使命によってすでに組み上げられている。それは、悠久の過去から永劫の未来に向かって、寸分も狂わずに作動している。その奇蹟が、この世を創っているのだ。その奇蹟の中を、我々は生きている。それが分かったとき、我々は自己の生命の尊厳を知る。そして、生命のもつ青春の雄叫びを抱き締めるのである。

no.78

生を殺す者は死せず、生を生かす者は生きず。

殺生者不死、生生者不生。

『荘子』（大宗師篇）より

荘子（生没年不詳）

中国、戦国時代の宋の思想家。儒家の思想に反対し、一切をあるがままに受け入れるところに真の自由が存すると説く。老子とともに道家を代表する人物として知られる。著書に『荘子』がある。

私は『荘子』を深く愛して来た。その思想の中に、革命の息吹を感じていたからだろう。その否定の哲学は、禅の深淵と相通ずるものがある。般若心経の如く、荘子はこの世のものをすべて否定する。絶対に妥協せぬその否定に比肩し得るものは、心経を除けば禅の『臨済録』を措いて他にない。荘子は、否定の先に揺らぐ人間存在の真実を見据えているのだ。物自体の中に、人間の生ける魂を見ているように思う。それこそが、本当の物質の本体なのだと私は思っている。人間が在って、この世が在る。

右の言葉は、私の生命論の中枢を支える思想となっているものだ。この思想を考え続けて、私はすでに半世紀以上を生きて来たことになるだろう。これは、現代の考え方に真っ向から対立する。自分の肉体を大切に思う現代社会の完全否定と言ってもいい。肉体を大切に思い、人生の幸福と成功を求める者は多い。しかし荘子は、それに否を唱えている。人生と生命の達人が、否と言っているのである。荘子は、人間の生命の淵源を見詰めているのだ。

自己の命も顧みずに、人生を生きる者はその命さえ長らえることが出来る。そして、自己の生命の躍動により永遠の命に連なるようになる。反対に、自分の命だけを大切にし、この躍動を惜しむ者は、自分の人生そのものを失う。そして、その命も失う危険が大きい。人間とは、命懸けで生きれば「よく生きる」ことが出来るのだ。そして、命を惜しんで生きれば「腐り果てる」ことになる。生命はすべて、逆説の論理を愛する。

no.79

もっとも美しい課題は、あなた方の前にある。

Les plus beaux sujets se trouvent devant vous: ce sont ceux que vous connaissez le mieux.

オーギュスト・ロダン「遺言」より

オーギュスト・ロダン（1840-1917）

フランスの彫刻家。形式的なアカデミズムに反抗し、人間の内的生命を重んじた。19世紀を代表する彫刻家として知られ、近代彫刻に多大なる影響を与えた。詩人のリルケは一時期ロダンのもとで秘書を務め、その経験から評伝『ロダン』が生まれた。「考える人」、「地獄門」、「バルザック像」等。

詩人リルケは、ロダンの孤独の美しさを語って熄《や》まなかった。ロダンはその名声の頂点にあっても、自己の生き方を寸分も違《たが》えなかった。その人格を支えていたものが、ロダンのもつ偉大な孤独性だったのだ。孤独は、自己独自の運命が創り上げる芸術である。運命だけが、本当の孤独を自己に与えることが出来る。そして、その孤独の中で、自分の本当の生命が燃焼されることになる。ロダンの芸術ほど、生命燃焼の刻印が深いものはない。

そのロダンには、遺言がある。短いものだが、真にロダンらしい簡素な形式に裏打ちされたものと言えるだろう。その中にあって、私は右に挙げた言葉にロダンの魂の本源を見た。質素で、孤独を愛した天才の核心とも言える思想である。ロダンは、自己の芸術の対象を探し求めることはなかった。それらは、すべて自己の目の前に展開されていたのだ。自己の運命を愛する人間にとって、それは自明のことだった。そして、それが残る者たちへ与える最後の愛の言葉となった。

我々の目の前に、我々の運命が横たわっている。それをロダンは、最も美しいものと言っている。それが、我々すべての目の前にもある。それを摑まなければならない。それを抱き締めなければならない。生命の燃焼とは、それに体当たりすることに他ならないのだ。自分の人生にとって、最も美しいものは間近にある。その認識が生まれれば、運命の車輪は弥《いや》が上にも回転していく。

no.80

知りたいことに答えられる者は、ひとりもいなかった。

None of these could answer him, if question'd, aught of what he cared to know.

『イーノック・アーデン』より

アルフレッド・テニスン（1809-1892）

イギリスの詩人。美しい抒情性と韻律に富んだ作風により「桂冠詩人」の称号が授与され、ヴィクトリア朝を代表する詩人となる。日本でも広く愛読された。『イーノック・アーデン』、『イン・メモリアム』等。

　これは、自分独自の特別な運命を生きる者の、覚悟を表わしている。イーノック・アーデンは、そのような人生を生きた者だった。『イン・メモリアム』に続いて読んだ、テニスンの長編詩である。高校の英語副読本として与えられ、私はそれをのめり込んで読んだ。私は自己の「忍ぶ恋」の武士道的確立の時期だった。そのときに、偶然に独自の「忍ぶ恋」を人生において実現した人物の詩を読んだのだ。私の「忍ぶ恋」は、イーノック・アーデンの生き方によって、現世的な力を持つようになった。

　その人生がどうであれ、人間は自己の運命を生きなければならない。この大宇宙に、ただ独りだけの運命を持つ、自己のその運命を生きなければならないのだ。私は、ただ独りの道が何であるのかを知った。そして、その覚悟が生まれたと言ってもいいのではないか。どのような境遇の者でも、人間には自分の生きる道がある。そしてその道を歩めば、自己の運命自体が回転していくのだ。ただ独りの道は、運命的に孤独な道である。それは、他との比較を絶する道なのだ。

　その道を知る者は、過去・現在・未来の三世を通じてひとりもいない。自分の生きる道を教えてくれる人間は、この世にひとりもいないのだ。テニスンの詩と共に、この右の言葉を私は深く味わい尽くしていた。それによって、私は自己の運命を体当たりで切り拓く覚悟が据わって来たのだ。自己固有の運命に生きた人々の魂だけが、私のともしびとなった。それらの人々も、私の知りたいことを教えてくれることはなかった。私の武士道は、暗闇を突き進む以外になかった。イーノック・アーデンのように……。

no.81

覚悟は決めていたことじゃ、理由などどうでもいい。

『葉隠無残』「血染川」より

滝口康彦（1924-2004）

小説家。尋常小学校を卒業後、いくつかの職を経験し作家デビューする。生涯をほぼ佐賀県の多久市で過ごし、旧藩時代の九州各地の武士を題材にした作品を数多く発表した。九州在住の時代小説家として、古川薫、白石一郎と並び「九州三人衆」と称された。

『葉隠』に伝えられる武士たちの記録をもとに、滝口康彦は多くの著作を書いた。『葉隠無残』はその一冊で、もちろん私の愛読書である。ここに、私が最も尊敬する佐賀藩士のひとり鍋島助右衛門の最期が物語られている。理不尽なる罪で主君勝茂より切腹を申し付けられたときの言葉と言い伝えられる。そして切腹の理由すら聞こうとしないのだ。私の最も愛する人間の生き方が、この思想に表われている。死を与えられたときの、これ以上の生命的覚悟を伝えるものを私は知らない。私は、こう成りたいために生きているのだ。

覚悟は、自己の生命の根源の力を発動させるものだ。ひとりの人間が、覚悟を決めて出来ないことはこの世にない。私はそう思って生きて来た。出来ないことはすべて、自分の中に覚悟がないだけの話だ。自己の生命に、覚悟を打ち込むために人間は生きている。それが打ち込まれた生命は、その生命に与えられた運命を生きることが出来る。逆に、それがなければ、いかなる生命も腐り果てる。覚悟がいかなるものか。私はそれに関し、鍋島助右衛門としか語ることはない。

覚悟は、この世のあらゆるものを蹴散らしてしまう力がある。その表われが、この言葉なのだ。生きるのに理由がいるのか。死ぬのに理由がいるのか。理由のいる人間は、その理由のために生き、その理由のゆえに死ぬだけの人生に成り果てる。生きるのは、我が運命である。死ぬのも、我が運命なのだ。自分の運命を抱き締めることだけが、生命の本当の尊厳を創っている。与えられた運命への愛が、その生命の躍動を決する。自己とは、その運命のことを言っているのだ。

no.82

発見など何ものでもない。むずかしいのは、発見したものを己れの血肉と化することである。

Trouver n'est rien. Le difficile est de s'ajouter ce qu'on trouve.

『テスト氏』「テスト氏と劇場」より

ポール・ヴァレリー（1871-1945）

フランスの詩人・批評家。マラルメに師事し、人間精神の極限を独自の理論によって探究。『若きパルク』を発表し、象徴主義の最後を飾る大詩人と評された。文学、哲学、政治など多岐にわたる評論活動でも知られる。ほか『精神の危機』、『海辺の墓地』等。

ポール・ヴァレリーの魅力は、その頭脳の清冽な明晰性にある。そしてまた、その明晰を支える情念の厚みに存するのだ。明晰を代表する一つが、『テスト氏』だろう。情念は『若きパルク』と言ったところか。どちらにしても、私の武士道の思想を支えている根幹の文学と言えよう。私の武士道は、ヴァレリーへの親近感によってその豊饒を味わっているように感じている。ヴァレリーの学問とその芸術は、中世からの強力な「騎士道」が貫徹しているに違いない。

それを表わす思想が、この右の言葉である。この思想によって、ヴァレリーの人生が私のそれと二重写しになるのだ。私は、この思想こそが、現代から最も失われてしまった考え方だと感じている。騎士道や武士道のような生きるための美学は、知識を知ってから死ぬまでがすべて修行となる。自己の血肉に化していないものを、知識としては認めないのだ。私はそのような文化の中で生きて来た。ヴァレリーも、そうに違いない。それがこの言葉だ。ヴァレリーの呻吟が見える。

同じ作品の中で、ヴァレリーはまた「瞑想にふける人など、いなくなってしまった」と言っている。瞑想の人生こそが、知識を血肉と化する生活なのだ。本当に、発見などは何ほどのこともない。発見など子供の方がずっと得意だ。人生とは、それを自己の運命と化することなのだ。苦悩し、呻吟し、哭き叫ぶことである。それは、知識と生命が融合するための奔流とも言える。震動に苛まれることによって、本当の自己の運命がたぐり寄せられるのだ。

no.83

死の中に、永遠の生が告知された。

Im Tode ward das ewge Leben kund.

『夜の讃歌』第5歌より

ノヴァーリス（1772-1801）

ドイツの詩人・小説家。貴族の家に生まれて厳格な宗教教育を受け、大学で法律、哲学、歴史学、自然学を学ぶ。婚約した恋人との死別をきっかけに生命の神秘を確信し、自我の宇宙・自然との神秘的一致を主張する宗教的世界観を展開した。『夜の讃歌』、『青い花』等。

死の中から生まれた生《せい》だけが、本当の生なのだ。死を超越した生の躍動である。死と共存する生の中に、我々の本当の人生がある。それだけが、我々の人間燃焼を誘発し、また我々の肉体に生命燃焼の訪れを告げる。死を嫌う生では、動物の生に成り下がってしまう。動物の生になれば、その生命は腐り果てて終わる。我々は人間である。人間には人間の生がある。それが死の中に煌く生なのだ。我々の人間燃焼が、そのまま永遠の生と繋がる生き方とも言えよう。

ノヴァーリスは、人類に示された本当の生のあり方を詩に謳っている。それが『夜の讃歌』だ。人間は、自然のままでは人間にはなれない。人間は、自ら人間にならなければならないのだ。自分の魂が、永遠を志向して生きることが人間を生む。その魂は、永遠に向かう生き方を摑むことになるだろう。それによって、死を現在の生に引き付けることが出来るようになる。つまり、今ここで生きる自分の生が、今ここに永遠を引き入れることが出来るようになるのだ。

死を摑むことが、永遠を摑むことに繋がる。死を厭う者は、動物の生を送りそして腐る。ノヴァーリスは、西洋文明の中でそれを語っている。私はそれを、武士道の中で受け取っている。そして、その死生観には寸分の違いもない。何もかもが同質である。私は『葉隠』の思想に生きることによって、世界哲学と世界文明をこの身に引き寄せているのだ。人間の営みに東西の別はない。そして人間が生きてきた地上に、今も昔もまたない。

no.84

生物は、負のエントロピーを食べて生きている。

What an organism feeds upon is negative entropy.

『生命とは何か』より

エルヴィン・シュレディンガー（1887-1961）

オーストリアの理論物理学者。物質の波動性に基づく「波動力学」を打ち立てた。そのほか、行列力学と波動力学の数学的等価性の証明など、量子力学の発展にも多大なる貢献をなした。著作に『私の世界観』、『生命とは何か』等。

エルヴィン・シュレディンガーは、私の最も好きな物理学者のひとりである。その業績は、量子力学における波動方程式の提唱と、分子生物学の確立を可能ならしめた遺伝子構造の解明が挙げられる。どちらの業績も、私の生命論の基礎を創り上げることを促した理論である。まさに恩人の中の恩人とも言えよう。『生命とは何か』の他に、『統計熱力学』、『時空の構造』は高校生以来、私の座右に積まれている。私の提唱する「負のエネルギー」は、その発生をシュレディンガーに負っているのだ。

右の言葉が、それを記念する出発の思想となった。宇宙の存在物はすべて、エントロピーの法則の下にある。熱力学第二法則は、このエントロピーの増大を言っており、宇宙の真実の最右翼となっている。つまり、形あるものはすべて崩れ去り、無限の混沌と平衡の下に帰するというものだ。ところが「生命」だけが、この絶対法則に抗して戦っている。その戦いの時間的係数を、我々はその生命の「寿命」と呼んでいる。その戦いは、負のエントロピーを食べ続けることによって為されているのだ。

エントロピーに抗する力を、負エントロピーと言う。つまり、我々の生命の戦いの力である。その負エントロピーを支える実在が負のエネルギーなのだ。これが、私の魂の理論を創るきっかけとなった。生命を支える力はその負のエネルギーにある。負のエネルギーの中でも最も細かい粒子こそが、我々人間の魂を創る素粒子となる。私は、それを直観した。そして粒子は細かいほど宇宙的価値が高いことも分かった。愛や信や義などの我々の魂は、宇宙で最も価値の高い粒子で創られている。

no.85

寥《りょう》々《りょう》たる天地《てんち》の間《かん》、独立して何の極《きわ》まりか有らん。

寥寥天地間、独立有何極。

『語録』より

雪竇《せっちょう》禅師 (980-1052)

中国、宋の僧。幼少の頃に両親を亡くし出家。雪竇山の資聖寺に30年以上住して、雲門宗の復興を果たす。詩文に優れ、『頌古百則』を著して後の禅に大きな影響を与えた。その言行は『雪竇明覚禅師語録』に見ることができる。

私は、この言葉の中にいつでも革命の息吹を感じている。我々が文明の中を生き抜くために、最も必要な心意気が革命の精神なのだ。自分ただ独りでも、この世の邪《よこしま》と戦う気概である。その気概が革命の精神だ。それを、ひしひしと感ずる。生命の悲哀に満ち満ちたこの世において、わが命を捧げ尽くすものは何か。それを求める体当たりの生き方こそが、人類に真の革命を生む。人間ひとりの、その生命の全力を以って人類の存在理由（レゾン・デートル）のために尽くさなければならない。

我々人間のもつ、真の力を知らなければならないのだ。人間の魂の力を感じるのである。その力は、宇宙から降り注いで来る。そして、その力は地底の地獄からも湧き上がって来る。そのど真ん中に、我々はただ独りで立っているのだ。その自覚が、自分の魂を人類的なものにまで引き上げてくれる。我々人間は、無限の力を天と地から受けている。そこにただ独りで屹立《きつりつ》すれば、その力は我々の中に漲《みなぎ》って来る。天地の力を、自己に引き寄せなければならない。

この思想を知ったとき、私の中に人間の魂に対する限り無い憧れが浮かんだ。それだけの力が、この言葉にあったのだ。思春期に、宮崎龍介氏から教えてもらった。明治の自由民権運動以来の、革命の名残を湛える人物である。それがまた、良い作用をもたらしたに違いない。私は悲哀から生まれたこの天地にあって、ただ独りの人間として立つ決心を固めていた。その時期に、この言葉を知ったのだ。宮崎龍介氏は、わが革命精神の恩人である。

no.86

武蔵野に散歩する人は、道に迷うことを苦にしてはならない。

『武蔵野』より

国木田独歩(1871-1908)

詩人・小説家。初めは新体詩をよく作るが、のち小説に転ずる。ロマン主義的な短編を複数発表した後、自然主義文学の先駆けとしての地位を確立。失恋と貧窮により健康を害し、若くして結核に倒れた。代表作に『武蔵野』、『窮死』等がある。

私が子供だった頃、まだ雑司ヶ谷には武蔵野の面影が残っていた。私は目白に近い、雑司ヶ谷六丁目という所に生まれ育った。道はすべて舗装されておらず、家々の庭木は道を暗しと繁っていた。我が家の庭も、多くの木々が繁りその一木一草のすべてが思い出の中に眠っている。幸福だった家族の記憶と共に、その武蔵野の風情は私の人格を作っている。自然と一体の町は、そのすべての道と家々が生命の息吹を教えてくれたのだ。そして町は、永遠に繋がっていた。

武蔵野に生まれた私は、当然それを愛した。小学校三年のとき、その武蔵野を描いた文学があると知って、すぐに読んだ。私の生まれる前の武蔵野の姿が描かれていた。著者国木田独歩の情感は、私のそれとあまりにも酷似していた。だから私は、時空をつんざいて明治の武蔵野に飛翔できたのである。そのときの感動を今も忘れることが出来ない。自分の生まれた故郷が、世界で一番美しくそして神秘的な場所なのだと認識した。その認識は、武蔵野が高度成長に殺されてしまった今も、私の心にはある。

右の言葉は、子供だった私が最も強く印象に残ったものだ。これが、神秘を湛えていた武蔵野の姿だろう。毎日毎日、探検行に明け暮れていた子供にとって、武蔵野は世界よりも広かった。どこへ行っても、武蔵野は美しかった。道に迷うことそのものが、その一日を忘れ得ぬ日にしてくれたのだ。武蔵野の自然が私の魂を導いてくれた。私はそう思っている。私は武蔵野の自然の中を、遊び回っていた。その楽しかった日々が、私に不撓不屈の精神を与えてくれたと思っている。

no.87

人間の意志は、たったひとりの意志でも、世界を揺るがす力を持っている。

La volonté d'un seul vaut mieux que le monde.

『未来のイヴ』より

ヴィリエ・ド・リラダン（1838-1889）

フランスの小説家・劇作家・詩人。清貧の中、孤高の生涯を送り、神秘的な精神主義の立場から物質万能の社会を風刺。独自の文学世界を築き上げ、象徴主義の先駆的役割を果たした。『未来のイヴ』、『残酷物語』等。

『未来のイヴ』は、世界で初めて人造人間（アンドロイド）を描いた文学である。リラダンは、アンドロイドを通して人間の本質を描きたかったに違いない。十九世紀末期、民主主義と科学文明の抬頭によって、人間は底知れぬ変成に襲われていた。人間から失われていくものを、アンドロイドに託そうとしている。私はそう思う。その心が、私には痛いほど分かるのだ。人間は、人間の真の価値を忘れ始めていた。魂の崇高を求める、その存在理由を失いつつあったのだ。

リラダンの悲しみは深い。その悲しみが、世界で初めてのアンドロイドを生んだのである。アンドロイドに人間の未来を託したかったのかもしれない。リラダンなら、そう思っても不思議は全くない。リラダンは、人間の本質に崇高性を見ていた。その悲しみは、確実に私の許《もと》に届いている。私はこの文学の中に、人類の本当の未来を感じ出しているのだ。人間存在から、崇高が失われるなら、人間は今の地位を去らなければならない。我々だけが、人類とは限らないのだ。

宇宙の本源を志向する崇高性が、人間の本質だと私は思っている。それを持っているものが、人類なのだ。それがアンドロイドになって、何もおかしいことはない。本当に崇高を願えば、そのものが人間である。右の言葉は、アンドロイドのアダリーが語る言葉だ。これが人間だと、私は思う。この世界をこの宇宙を、併呑《へいどん》するほどの気概が人間ではないか。我々の父祖は、その思いに命を捧げて来たのだ。それを失えば、もう人間ではない。逆にそれを持つものは、何ものであれそれが人間なのだ。

no.88

地上に平和をもたらすために、私がきたと思うな。平和ではなく、剣を投げ込むためにきたのである。

『新約聖書』
マタイ福音書第10章34節より

福音記者マタイ　マタイ福音書

マタイ福音書10章の内容は、キリストが12使徒を任命し宣教に遣わせる場面である。この言葉は、宣教の方法と心構えを弟子たちに説くキリストの言葉から抜粋されたもの。

「マタイ伝」のこの言葉は、私の魂を震撼させる思想だった。キリストがこの世に対して放った言葉の中で、キリスト自身の真意を伝える最大のものと思った。これに匹敵するものは、「ルカ伝」十二章四十九節以下を除いて他にない。ここが分からなければ、キリスト教は単なる慈善ボランティアに成り下がってしまうだろう。この言葉を私は考え続ける生涯だった。そのことによって、原始キリスト教の清冽とパウロの霊魂を理解することに近づけたと自分では思っている。

私は、この思想を抱き締めて生きて来た。そして、内村鑑三にも出会うことが出来たのだ。マルチン・ブーバーとカール・バルトにも出会えたように思う。それだけではなく、道元とも鑑真とも、この言葉の力によって私は出会ったのだ。この思想を通じて、私は西洋の中世を理解した。あの信仰のために生き、そして死んでいった中世人たちと魂の交流をしたのである。殉教者の心情を自己に重ねることも出来た。キリスト教が、なぜ騎士道を築き上げたかという神秘もここに原因がある。

そして、何よりも私はキリスト教の思想によって、自己の武士道を確立して来た。その原因と出発がキリストのこの言葉なのだ。これを悩み考え続ける苦悩が、人類の本質に向かう人生を創った。宇宙の本源に向かって、それと真っ向から対峙する自己自身を築かなければならない。そうしなければ、キリストの本当の心には近づけないのだ。つまり、人類が生み出した、他の偉大な宗教の核心にも近づけないということに他ならない。

no.89

人間の不平等に対して、再び敬意が払われるときが来るだろう。

Irgendwo wird die menschliche Ungleichheit wieder zu Ehren kommen.

『世界史的考察』より

ヤコブ・ブルクハルト(1818-1897)

スイスの歴史家・美術研究家。大学で歴史学と美術史を学び、古代ギリシアとルネサンス期の文化、美術の権威となる。単なる歴史を超えた深い人間性への洞察により、近代史学と美学に大きな影響を与えた。代表作に『世界史的考察』、『コンスタンティヌス大帝の時代』がある。

人間は、不平等な存在なのである。それが、人間の個性を創り上げ、躍動を生んでいるのだ。不平等が、人間を魂の生き物としている。人間にとって、平等化できる可能性があるものは、肉体を措いて他にない。肉体は、その物質性のゆえに平等・水平化の対象にはなる。精神は、そのエネルギー性のゆえに全く平等化は出来ない。これを平等化しようとすれば、魂や精神と呼ばれるものを、人体から抜き去って零《ゼロ》としていく以外に方法はないのだ。いま我々の社会は、行き過ぎた平等化の前に滅びようとしている。

民主主義と科学文明の行き着く先を、ブルクハルトは予想していたに違いない。十九世紀において、すでにその警鐘を鳴らしている。ブルクハルトは、知っての通り人類史上もっとも偉大な歴史家のひとりである。私も本書の他に、その『ギリシア文化史』や『イタリア・ルネサンスの文化』を若き日より愛読している。その人物が、人類の将来を憂えてこう言っている。不平等に対する、敬意が人類の本質に対する畏れに繋がっているのだ。

私は運良く、子供のときから人間の不平等性を摑んでいたように思う。それは、自分が他の人間とは違うという自負を持っていたからだ。自分は、過去の偉大な人間たちに連なる存在になれると、信じて生きて来た。そう思わなければ、『葉隠』の現実的実行などは絶対に出来ない。どんなに蔑まれても、どんなに失敗しても、それに体当たりして来たのは自負心のゆえとしか言えない。精神性は、不平等の意識から生まれる。だから、人類の文化の発祥は、人間のもつ不平等性に存するのである。

no.90

この世は、悲しみに満ちた街道に過ぎない。

This world is but a thoroughfare full of woe.

『カンタベリー物語』（騎士の話）より

ジョフリー・チョーサー（1340頃-1400）

イギリスの詩人。少年の頃から貴族の家に奉公、百年戦争に参加し捕虜になるも、帰国後は外交官として宮廷に勤める。「英詩の父」といわれ、ユーモアと鋭い人間観察により中世ヨーロッパの物語文学を集大成した。代表作に『カンタベリー物語』、『トロイルスとクリセイデ』等がある。

『カンタベリー物語』を読んだときの感慨を、忘れることはないだろう。その書き出しからして、実に信仰的で敬虔に満ちている。何か近代の洗礼を受けてしまった我々が、失ってしまったものを感ずるのだ。人生の目的というか、そういう根源的なものがすでに違っている。無心に、あの大伽藍《だいがらん》を創り続けた純心に出会う清々《すがすが》しさがある。恐ろしい話にも、愛くるしさが漂っている。それは根底の命の問題に違いない。自分自身の命が、どういうものなのかという認識の差異だ。

中世人は、自分たちを神の分身だと信じていた。そしてこの世を、神の国へ行くための修行の場と考えていたのだ。中世の根本哲学である「死を想え」（メメント・モリ）を思い返すこともないだろう。その中世人の生に、我々は人間の豊かさを見ている。その悲しみを湛えた人生に、我々は人間の生まれて来た本質を感じているのだ。それはアナール派の歴史家たちを持ち出すまでもなく、いまの歴史観の常識となりつつある。人間の心に神が生きていて、人生の時間は限り無くゆったりと流れる。

生きることを、本当に味わい尽くしている人生をそこに感ずるのは、私だけではあるまい。人生を味わう人々は、この人生の悲哀を抱き締めていた。自分の命のはかなさを深く知っていたのだ。それが愛を生み憎しみもまた生み出した。そこに本当の生の躍動があった。自分たちを、旅人と感じていた。この世を苦しみと悲しみの旅と思っていたのだ。しかし、それが偉大な中世の文化を創り上げたのである。ヨーロッパでも日本でも、現代の我々が享受する文化の豊かさは、すべてその根を中世に負っているのだ。

no.91

英雄とは、自分に出来ることをする人間のことだ。

Un héros, c'est celui qui fait ce qu'il peut.

『ジャン・クリストフ』より

ロマン・ロラン（1866-1944）

フランスの小説家・劇作家・思想家。高等師範学校で歴史学を専攻し、パリ大学で教える。自身の信念と理想に基づき『ベートーヴェンの生涯』や『ジャン・クリストフ』を著し、世界的な名声を得た。反戦運動を推進したことでも知られる。ほか『魅せられたる魂』等。

ロマン・ロランに、私は多くのことを学んで来た。その『ベートーヴェンの生涯』は、私の音楽観に決定的な影響を及ぼした。そのままベートーヴェンは、私の青春のすべてを創り上げていくことになったのだ。その出発がロランだった。小学校の四年でそれを読み、続けて五年のとき、この『ジャン・クリストフ』を読んだのだ。この文学は、参った。私の読んだ小説の中で、一番面白かったものかもしれない。小・中・高・大学と、青春のすべてを通して倦《う》むことを知らずに繰り返し読んだのである。

自己の憧れに向かって、あらゆる困難を乗り越えて生きる主人公に、私の血は湧き肉が躍った。これほどに躍動感のある文学は、そう多くあるものではない。主人公の人間性に、惚れない人間はこの世にいないだろう。もちろん、私も惚れた。惚れて惚れて惚れ抜いた。そして、私はそのように生きようと思った。そのためには、私の武士道の中に、そのすべての精神を鎮め込む必要があった。私の青春は、その作業に多くを費やしたのだ。ジャン・クリストフは、私の武士道の中核を占めている。

右の言葉は、その中心思想である。英雄とは、自己の生命を存分に使い切った人間という意味で使っている。自己の生命を本当に使い切る、その生き方が私の武士道を確立したのだ。いつ死んでもいい人生こそが、私の武士道となった。そして自己に与えられた運命に、体当たりを喰らわす。砕け散るまで、体当たりを断行する。その結果、生まれて来るものが、また新たなる自己の運命を創る。死ぬまで、それを繰り返す。それが自分に与えられた宇宙的使命を引き寄せることを、私はこの文学に学んだ。

no.92

我々は人間なのだから、人間のことを思わなければいけないと言う人たちに従ってはならない。

『断片集』第45番

ソロン（BC640頃-BC560頃）

古代ギリシアの政治家・詩人。ギリシア七賢人の一人。若くして海上貿易に従事したのち、執政官（アルコン）に選出される。家柄によらず資産によって市民に参政権を与える等、様々な改革を行ない、ギリシア民主制の基礎を築いた。

ソロンは、古代ギリシアにおいて、人類最初の民主主義政治を行なったことで知られる。ギリシア七賢人のひとりに数えられ、その教養と人格は今に言い伝えられている。ソロンには、その言行を記録した『断片集』がある。深い英知に裏打ちされたその言葉は、今に至るも全く古びることがない。そのソロンが、民主政治の奥義として述べたものが、右の言葉なのだ。私は最初に読んだとき、我が目を疑った。近代の洗礼を受けてしまった人間は、この意味を分かるのに時間がかかるのだ。

しかし、これを睨《にら》み付けていると、途轍もない英知が浮かび上がって来る。現代の我々が麻痺してしまった大切な事柄である。それは我々人間が、自分たち人間のことを、自分自身で大切にしていれば限り無く下がっていくということなのだ。手前味噌とも言うが、ヒューマニズム思想に冒された現代の人間は、自分たちを高等な存在だと自分で言っている。そして恬《てん》として恥じない。また、その人間大事を政治の売りものにしている政治家を、信じてはならないと言っているのだ。

これは実に筋が通っている。私は自分の現代人的弱点を思い知らされた思い出がある。大学一年のときだった。私はその不明を恥じて、現代民主主義の勉強を徹底的にやったのだ。私はこのソロンの定義は、民主主義の基本だと思っている。人類は、もっと謙虚にならなければならない。ソロンの時代でも、すでにこうだった。それから二千年以上が経ち、今はすでに人類は自分たちの自惚れによって滅びようとしている。そろそろ、「人間のため…」と言って、すべてを許すことはやめなければならない。

no.93

私たちが欲しているのは、自己の自由ではない。自己の宿命である。

『人間・この劇的なるもの』より

福田恆存（1912-1994）

評論家・劇作家・演出家。戦後に文芸評論家としての活動を開始し、保守派の論客として幅広い評論活動を展開。また『シェークスピア全集』の翻訳も行なった。芥川比呂志らと「劇団雲」を設立し、日本の演劇界における指導者的役割を果たしたことでも有名。『人間・この劇的なるもの』、『近代の宿命』等。

私は、自己の宿命を、何よりも愛して生きて来た。人間として生まれたことに、死ぬほどの幸福を感じている。そして日本人として生を享け、わが家系に連なったことを何よりも誇りにしているのだ。私が与えられた宿命の、そのすべてを覆っているものが『葉隠』の武士道なのだ。だから私は、葉隠の精神を貫いて死ぬことを決意しているのである。私にとって、武士道は宿命の中の宿命と言ってもいい。宿命に生きて来たことを、私は自己の人生の最大の幸運だと思っている。

私は、自分ほど自由を謳歌して生きて来た人間を見たことがない。自由は、私の命である。もちろん、自由を守るためには死など全く恐れる気持はない。私は自己の武士道を、この現実社会で貫徹することだけを目指して来た。そして、それは日々大きなうねりとなって漸進している。私の生命は、その内臓と共にすでに回復不能の痛手を受けている。しかし、私の生命は現代人の誰よりも潑剌としているのだ。それは私の生命が、本当の自由の中を生きて来たからに他ならない。

『人間・この劇的なるもの』を、中学一年のときに読んだ。そしてそれ以来、私の座右を離れたことはない。初めて読んだとき、右の言葉に深い喜びを感じた。そして六十年近くを経た今日、この同じ言葉の中に、深い悲しみを見るのだ。ただただ涙が滲むのである。この本を読み返すと、いつでも自分の人生が甦って来る。そして、自分の生命の幸福を噛み締めるのだ。私は現代が最も失った考え方が、この言葉の中にあると思う。そして、自分たちの生命が最も必要とする思想が、やはりこの言葉の中にあると考えるのである。

no.94

すべて偉大なものは単純である。

Alles Große ist einfach.

『音と言葉』より

ヴィルヘルム・フルトヴェングラー（1886-1954）

ドイツの指揮者・作曲家。20世紀を代表する指揮者の一人。強固で深い精神性を特徴とし、その徹底した作品解釈で人々を魅了、ベートーヴェン、ワーグナーなどの名演で知られる。戦後は演奏旅行で各地を回った。

私の青春は、ベートーヴェンの音楽と共にあった。その音楽のゆえに苦しみ、またその同じ音楽によって救われて来たのだ。ベートーヴェンの演奏に対面しない日はなかった。タンノイのスピーカーの前で、私はいつでも正座していた。正座せずに、その音楽に接することは出来なかった。ピアノはW・バックハウスが好きだった。ヴァイオリンはF・クライスラーだ。そして指揮者は、何と言ってもブルーノ・ワルターとヴィルヘルム・フルトヴェングラーを措いて他になかった。

倦むことを知らずに、私は聴き続けた。そして偉大なその楽譜の中に、宇宙の根源的実在を見ていた。楽譜を読むことは、私にとって重大な読書だった。そこには、宇宙の振動が満ち満ちていたのだ。そのような日々、私は楽譜の深淵を穿《うが》つために、フルトヴェングラーの著作『音と言葉』とワルターの『主題と変奏』を読んだのだ。この二つは、偉大な楽譜の数々を私の魂に落とし込んでくれた。それは革命的な体験だった。

二人の巨匠のもつ熱情が、無限弁証法のうねりとなって私の魂を襲ったのだ。このときから、私の中では理解できぬ音楽は無くなった。二人の魂と、その解析的分解としての楽譜の力が、音楽を思想化してくれたのである。私の音楽観は、この二人の言葉の数々によって思想的豊かさを享受した。その核心の言葉の一つが、右に掲げるものだ。私は、このフルトヴェングラーの思想によって、あらゆる音楽を一篇の詩と成す力を得たのである。そして、音楽が私の熱情を創造する力と化したのだ。

no.95

認識されることによって、存在はある。

To be is to be perceived.

『人知原理論』より

ジョージ・バークリー（1685-1753）

アイルランドの哲学者・聖職者。トリニティ・カレッジの研究員を務める。二度にわたるフランス、イタリア遊学ののちアメリカ先住民の教化のために渡米。帰国後はアイルランドの主教として著述と地方の教化に専念した。代表作に『視覚新論』、『人知原理論』等がある。

我々は、人間である。そして、その人間とは何をもって言うのか。古来、多くの哲学者が、その人間の本体を「霊魂」と名指していた。人間とは、我々が思っている肉体ではないのだ。少なくとも、肉体は人間の付随物に過ぎない。人間は、魂の生き物である。その魂は、宇宙の魂と一体となっているのだ。我々人間の魂は、宇宙を包含している。そして宇宙は、我々の魂の中で生き続けている。我々の魂が無ければ、実はこの大宇宙もまた無い。

それが、認識というものの本体である。我々人間の魂が認識したもの以外は、宇宙に存在物はない。あのニーチェが、『ツァラツストラかく語りき』において、太陽に語りかけた問いはこの謂《い》いなのだ。照らされている自分がいなければ、太陽の存在もまた無いというあの件《くだり》だ。事実、人間の認識だけが宇宙の存在を支えている。これは最新の量子物理学においても、かなりの精度で解明されて来た現実である。この宇宙は、我々の魂が創っている。また、我々は宇宙の魂によって創られているのだ。

我々人間がいなくなれば、この宇宙は消滅する。我々とは、もちろん魂のことを言っている。そして、宇宙が消滅すれば、我々の魂もまた消滅するのだ。だから我々人間にとって、この魂の認識力よりも重大なことはない。我々から魂の認識力が去れば、いま感ずることの出来るこの世界はなくなるのだ。すべての物質が、この世から消滅する。宇宙の次元は、無限に存在することが分かっている。その中で、我々のいるこの宇宙は、我々の魂の認識の力によってその存在が支えられているのだ。

no.96

親鸞は、父母の孝養のためとて、一返にても念仏まうしたること、いまださふらはず。

『歎異抄』（唯円・編）より

親鸞（1173-1262）

鎌倉時代の僧。浄土真宗の開祖。幼時に母を失い出家。比叡山で天台宗を学んだのち、法然に師事。浄土真宗を開き、阿弥陀による万人救済を説き、悪人正機を唱えた。弟子の唯円によって法語集『歎異抄』が編まれた。

『歎異抄』は、信念の書である。私は自己の信念と対面するとき、いつでも『歎異抄』を開いて問う。南無阿弥陀仏の念仏の力を信じ切っている、その親鸞との対話を求めているのだ。親鸞のもつ信念は、私の信念を育んでくれた。その信念の力は、信ずるものを正しく美しいものだとしていないところにある。親鸞は、念仏が間違っていてもいいのだと言っているのだ。親鸞はその師である法然に、たとえ騙されたとしても何の悔いもないと断言している。

信ずるとは何か。それを親鸞ほど語りかけてくれる者はいない。多くの人を念仏の力によって、往生させることだけを願って生きているのだ。この発願だけによって、人生を生き切った。念仏の力だけに頼る他力本願を信じ切ることに、親鸞の生命の全力がある。その親鸞が、何よりも尊いその念仏を、父母のためには使ったことがないと言っているのだ。つまり、念仏による真の救いを「自己」に向けたことがないということだ。この件《くだり》を読む度に、私の目頭には熱いものが滲む。

愛の本質を、これほど示す言葉はない。親鸞の問いを知る者は、親鸞のもつ愛の力に打たれるのである。万人の救済を願う宗教を確立した者が、その恩恵を自己と自己の家族には一切向けないのだ。ここに、私は信念というものの本質をいつでも感じている。信念をもつとは、こういうことなのだ。すべての者の極楽往生を願う者が、「地獄は一定《いちじょう》すみか」と言い切って、自分は地獄に堕ちる覚悟で生きている。私は信念とは何かを問うとき、親鸞のこの言葉を思い返さぬことはない。

no.97

私だけの悲しみがあった。ひとにはわかり得ぬ悲しみがあった。

Moi seul j'étais triste, inconcevablement triste.

『パリの憂鬱』より

シャルル・ボードレール（1821-1867）

フランスの詩人・評論家。早くから文学に目覚め、20代で美術評論家としての地位を確立。近代文明に対する批判とそこに生きる苦悩を詩集『悪の華』で表現し、フランス近代詩を確立。その影響はフランスのみならず世界各地に及んだ。ほか『パリの憂鬱』等。

この言葉に出会ったとき、私はボードレールの血肉に触れたことを感じた。ボードレールは、私の信念の確立に多くの力を与えてくれた詩人だった。『悪の華』に始まる、その無頼《ぶらい》の精神は、『葉隠』そのものをその懐に溶融するだけの力をもっていた。その激情、その憤激は人間の魂を圧殺するほどのものだったのだ。ボードレールは無頼だったが、その無頼の中に中世の信仰とそこから来る騎士道が匂い立っていた。

私はボードレールの、その隠された側面に限り無く惹かれていた。それは、誰にも分からぬ騎士道である。その騎士道が、ボードレールの怪物性を底辺で支えていた。騎士道のゆえに、ボードレールは嘆きそして哭き続けていたのだ。反抗の涙が、この人物を創り上げた。近代がもつ卑しさと、真っ向から闘っていたに違いない。その騎士道と無頼の同居を、あの芥川龍之介も愛したのだ。芥川の愛したボードレールは、また私の愛するボードレールでもあった。

自らの生命に、悲しみを覚えぬ者を私は信じない。自らの運命に、涙を流さぬ者と私は話すことは出来ない。自己の生命を本当に愛する者は、その悲しみを抱き締めるに決まっている。自らの運命に、体当たりする者はその過酷に、必ず天を仰ぐのだ。そして、自分だけにしか分からぬその悲しみを抱き締めて、明日に向かって進むのである。希望に燃え、夢に生きる者を私は信じない。私は、その人生に悲しみを抱き締める者だけを信ずる。

no.98

憤せざれば啓せず、悱《ひ》せざれば発せず。

不憤不啓、不悱不発。

『論語』「述而」より

孔子 (BC551-BC479)

中国、春秋時代の学者。儒教の祖。魯に仕えて地位を与えられるが、権力者と衝突し諸国を歴遊。晩年は著述と弟子の教育に尽力し、その思想は中国思想の根幹となった。『論語』は孔子とその弟子の言行録。

知識が、自己の血肉と化していくエネルギー変換を表わす言葉と認識する。孔子がその弟子に、知を会得するための方法として語ったと伝えられるものだ。前段は、憤激に近い熱情をもって苦悩し続ける者にして、初めて知の道は啓《ひら》くという。またその苦悩がない人間には、何を与えても会得されないことを言っている。後段に至って、万感の思いと堆積した知識を口に出すことの出来ぬ、その悲しみを抱く者にして初めて知が本質的力を発揮するという。また、その者に対して発した教えは即刻に十全の力と化することが出来るのである。

　憤は激しい熱情を表わし、悱《ひ》は思いの丈《たけ》から溢れる悲哀を表わしている。そういうものがなければ、人間は何かを知ることは出来ないのだ。また、そのような人間だけにしか何かを伝えることは出来ないという言説である。私は自己の読書体験によって、この言葉の真理と崇高を摑み取って来た。知は、苦悩と呻吟の精神に引き寄せられるのだ。右の言葉は、知識というものが情報ではないことを示す思想だと私は思っている。

　つまり知は、信ずる心と勇猛な精神の下《もと》に集まってくるということに他ならない。西洋においても、また日本においても、現代人はすでに信ずるものを失っている。そしてヒューマニズムの名の下《もと》に、我々の人生からは勇気の種が奪われていく。人間に、再び真の教養というものが取り戻される日が来なければ、我々の未来は暗い。真の教養を創る知は、熱情と悲哀の中から生まれる。そしてその大切な情感は、ただ一筋の生き方の中からしか生まれないのだ。

no.99

どうしてこんなことで夢が多いどころか、まだまだそれが足りないのだ。

『夜明け前』より

島崎藤村（1872-1943）

詩人・小説家。学生時代に洗礼を受けるとともに文学への関心を強め、北村透谷らとともに『文学界』の創刊に参加。浪漫派詩人として『若菜集』を発表、のち散文に転じ『破戒』で自然主義の小説家としても大きな業績を残した。ほか『新生』、『夜明け前』等。

これは、藤村が描いた最大の文学だろう。明治維新を支えながら、その犠牲となっていった人々を描く気宇壮大な文学の一つと言える。藤村は、己れの父をモデルにしてこの小説を書いた。藤村の血を知りたい一念で、私はこの文学を読んだのだ。主人公青山半蔵の人生に涙を流さぬ者はいないだろう。飛騨の庄屋に生まれ、平《ひら》田《た》篤胤《あつたね》門下で国学を学び、その生涯を新しい国造りに捧げた。そして、明治国家に裏切られ狂人となって、座敷牢の中に死んだのである。

　私はこの青山半蔵に、自分の祖先を見るような親近感を感じた。庄屋としての家を支え、志に奔走した人生だった。多くの人間から慕われていたが、また多くの人間が危険を感じてもいたのだ。危険とは、その志のことである。半蔵の魂は、正しく相続されて来た人間本来の魂だった。しかし時代はすでに、その魂を受け入れることはなかった。多くの人々から、夢が多過ぎると言われていた。家族を中心として、その夢だけがこの人物の欠点のように言われていた。

　その半蔵の、最晩年の思いが右の言葉なのだ。本人は、その欠乏に哭いている。私はこの文章に出会ったとき、一筋の人生を歩むことの意義を摑んだように思った。大長編の文学を、半蔵の人生と共に生きていた私は、すべてに敗れ去り座敷牢に死ぬその最期に近くなった件《くだり》で、この文に出会ったのだ。半蔵の与えられた人生に私は涙が滲んだ。何かを貫くということの価値を私は知った。このような人間の、生命に支えられて今の国家はあるのだ。私も半蔵に倣《なら》うことは言うに及ばない。

no.100

一切は未知であり、
実験にまたなければなりません。

Tout cela est inconnu et invite l'expérience.

『書簡集』（プーシェ宛）より

ルイ・パスツール（1822-1895）

フランスの化学者・細菌学者。近代微生物学の祖。パリ大学教授、パスツール研究所初代所長などを歴任。酒石酸の立体異性体の発見に始まり、狂犬病などのワクチンの発明、伝染病の原因に関する微生物胚種説など、多岐にわたる分野を研究。近代医学創始者の一人となった。

パスツールの『全集』は、私の科学研究の中心に据わるものだ。その科学的業績は、ここで言う必要もないだろう。業績の他に、パスツールの文献には宝石のような魅力がある。それは、パスツールの魂が各論文や書簡をところ狭しと舞っているからに他ならない。パスツールほど、人間の魂と科学が両立している人物もめずらしい。パスツールの実験には、すべて人間の意志がある。意志が実験をしている。人間の生《なま》の意志が、科学論文を書いているのだ。だから、その科学は人間の涙から生まれている。

右の文は、パスツールの決意を示すものだ。その決意が、あの偉大な科学を築き上げている。パスツールは、全く分かり切っていることも必ず実験した。自分の意志によって、実験をするのだ。それは科学というものを、宇宙の実在と捉えていたからに違いない。その認識の正確さだろう。私はこの一文に出会ったとき、パスツールの信念の垂直性を思い知ったのだ。すべてを実験に待つ生き方とは、途轍もない勇気を必要とする生き方である。

それは、自分の人生を丸裸で晒《さら》すのに等しいからだ。私はこの短い一文の中に、パスツールの運命に対する生き方を見た。この手紙は歴史的な論争の相手に送られたものだ。そこに、この一文がある。私は、自己の運命を信ずるその強さを感じた。この文はパスツールの人生論なのだ。そして、実験という自己の運命に体当たりするパスツールの勇気を感じた。これは、隠れて行なう実験ではない。それは、自分の名声のすべてがかかる実験だった。私は若き日に、自分の武士道を、パスツール自身のこの運命論によって固めつつあった。

no.101

偽りの蔓延する時代には、真実を言うことが革命の遂行となる。

In a time of universal deceit, telling the truth is a revolutionary act.

「言行録」より

ジョージ・オーウェル（1903-1950）

イギリスの小説家。ロンドン、パリを放浪後、教師や書店員をしながら執筆を続ける。スペイン内戦に民兵として参加した経験を『カタロニア賛歌』として発表。のちに『動物農場』と『1984年』を書き、ベストセラーとなる。ほか『象を撃つ』等。

真実を言うことは、命懸けのことである。少なくとも、自分の社会的立場を失う覚悟を決めなければ、本当に何も言うことは出来ない。真実とは、そういうものだ。そうでないものは、元々真実でも何でもないのだ。言葉の遊びに過ぎない。民主主義と悪平等が来るところまで来てしまった現代は、まさに「遊び」の他は生きる場所が無くなった。真実を思うこと、真実を言うこと、真実を行なうこと、これらのことは等しく自己を失うことに繋がりかねない。

真実を言えば、殺される時代がある。しかし歴史を見ると、そのような時代の方が人間は真実に生きようとしているのだ。権力が真実を圧殺する時代の方が、我々は真実に目覚める。最も恐いのは、何を言っても良いと言われる社会なのだ。まさに現代がそれだ。何を言っても良いということは、何を言っても通らないことを意味している。だから、良いのだ。つまり社会通念が、「空気」として固定してしまった社会なのだ。

自由と平等そして優しさを標榜する社会が、最も恐ろしい。それは、すべての真実を覆い隠すだけの「正義」があるからだ。我々は、そのような時代を生きている。だからこそ、真実を言うには、命懸けの勇気がいるのだ。自己の人生を失い、自己が悪人に堕する覚悟がなければ何も出来ない。現代社会においては、真実を言えばそれだけで革命に匹敵する。自己がそう生きれば、それが分かるのだ。真実に生きようとしたとき、オーウェルの言葉は腸《はらわた》の奥に沁みるのである。

no.102

お前は人間にすぎぬ……お前の知恵の尽きるところで、我れらの英知がはじまる。

Du bist nur mensch …… wo deine weisheit endet
Beginnt die unsre ……

『新しい国』より

シュテファン・ゲオルゲ（1868-1933）

ドイツの詩人・翻訳家。裕福な商家に生まれ、ヨーロッパ各地を遊歴したときにマラルメに出会い、詩人として目覚める。当時の社会風潮に抗して貴族主義的、耽美主義的文学の確立に尽力した。翻訳家としても有名で、ボードレール、ダンテ、シェークスピア等をドイツ語に翻訳した。『魂の一年』、『生の絨毯』等。

ゲオルゲの詩に、私は未来を予感して来た。その内臓の深部に、人類の行き着く先を私は感ずるのだ。その理由は、中世の暗黒にある。ゲオルゲには、中世の精神が鎮もれている。見えないように、潜んでいる。その力が、詩を支えているのだ。迷信が生き返り、精霊が飛び交う。そして百鬼夜行の鳴動が響き渡る。現代人の傲慢を罰する叫びがあるのだ。近代の恐れを知らぬ人間どもに、呪いの一撃を喰らわそうとしているようだ。

人間の魂の偉大性を知る者は、また人間のもつ卑小性に哭き濡れるのである。私は人間の宇宙的使命を目指して生きて来た。しかしそれは、もしそうでなければ動物以下の生が待っていることを知っているからなのだ。人間は、崇高を目指さねばならぬ。崇高とは、人間だけに与えられた、宇宙的使命に生きることを意味する。我々の崇高を為し遂げる力は、我々の骨髄と内臓の深奥にある。それは暗く重く切ない生命の伝承である。その暗く重く切ないものが、右の言葉を発しているのだ。

それがなければ、我々はまさに「人間に過ぎぬ」のだ。それを失った近代人は、軽く明るく元気になった。そして己れの存在を過信する「人間もどき」へと堕したのである。人類の文明を生み出した暗黒が、この言葉を吐いているのだ。我々がその傲慢のゆえに滅亡すれば、我々を創った暗黒が躍り出て来る。人間が人間に過ぎぬものとなれば、もう未来は無い。我々が人間を乗り越えれば、真の人間としての英知が生まれて来る。ゲオルゲの祈りが、私に語りかけて来る。

no.103

国家は廃止されるのではない。
それは死滅するのである。

『国家と革命』より

ウラジミール・レーニン（1870-1924）

ロシアの革命家・政治家。学生時代から革命運動に参加。流刑、亡命を経験するが十月革命を成功させ、史上初の社会主義政権を樹立。ソビエト連邦の建設を指導、マルクス主義を理論的に発展させるなど、その後の国際共産主義運動に多大な影響を与えた。著書に『帝国主義論』、『国家と革命』等がある。

「国家は死滅する」、この有名なテーゼはエンゲルスが、その『反デューリング論』において述べた言葉だった。それはロシア革命を導き出す根本的哲理の一つとなった。なぜなら、革命の指導者レーニンが、この命題をもってロシア革命の原動力とすべく、白著『国家と革命』の根幹を支えるセントラル・ドグマと成したからである。私はこの書に高校生のとき出会った。私の最も愛する文学者 埴谷雄高の感化による。私は共産主義は大嫌いだったが、一つの国家論としていたく感動したのだ。

共産革命には、動かしがたい真実があった。それは、国家というものの正体をこの世に知らしめたことに尽きる。共産主義が秀れているのではない。資本主義と民主主義の根本的悪徳を暴き出したことにその価値がある。民主主義の矛盾を、ロシア革命ほど知らしめるものはない。傲り高ぶる人間を截断する思想が、ロシア革命にはある。後に、自らもそれに呑み込まれてしまうが、その初心には清く美しいものがあるのだ。私はその初心を愛する。私はレーニンの思想に、人類の夢を感じている。

国家は死滅する。私もそう考えている。人類の歴史に鑑みて、私もそう思うのだ。また、そうならなければならない。「近代国家」と呼ばれるものが、人間を限り無く低俗にして来た。それは間違いないことだ。民族でも国でもない。「国家」が問題なのだ。国家は自己の権力の温存のために、人間の家畜化を推進している。私はそう確信する。国家は自己が生きのびるために、人類そのものを犠牲にしようとしている。右の言葉に見えるロシア革命の初心は、今まさに人類全体の問題と成りつつあるのだ。

no.104

待ち望む嵐よ、疾《と》く巻き起これ。

Levez-vous vite, orages désirés.

『ルネ』より

フランソワ＝ルネ・ド・シャトーブリアン（1768-1848）

フランスの小説家・政治家。貴族の家に生まれ、反革命軍に参加。負傷しイギリスへ亡命するが、帰国後はナポレオンのもとで公職を経験する。王政復古後はイギリス駐在大使、外務大臣などを歴任した。ロマン主義文学の先駆者として知られる。代表作に『ルネ』、『アタラ』、『キリスト教精髄』等がある。

私は、人類の使命とは何かだけを考え続けて生きて来た。自己の魂の奥底に渦巻く、宇宙の意志と語ることだけを考えて来た。『葉隠』の武士道を通して、私は自己が人間に生まれた意味を問い続けているのだ。この煩悶《はんもん》は、私の命が尽きるまで終わることはない。私は、人類の使命を追求する事象だけに興味をもつ。そして、どうすればこの姿勢を崩さずに、自分の人生を全う出来るかということも考え続けているのだ。その答えの一つを、私は右の言葉の中に見出したのである。

それは大学二年のときだった。フランス語の授業の副読本にこの『ルネ』を選び、原文と訳書の対比によってこれを読んだ。ルネの清純は、私の武士道と激しい親和力をもって共振した。そして、この文に出会った。同じ魂をもつ者から、その答えが返って来たのだ。私は自己の人生において、困難を待ち望むことこそが、人類の使命に近づく道だと合点したのである。自己の安楽と成功、そして何よりも幸福を求めれば自己の生命は腐る。それが肚に落ちたのだ。

私はそのとき、自己の運命に体当たりする決意を獲得した。困難を待ち望むことを受け入れることによって、それは容易《たやす》く決断できた。シャトーブリアンの思想によって、私は運命の大海原に出帆する覚悟が出来た。人類の使命に向かって、直進することを止めていたものは自己保全の思考である。私は自己の平安の望みを捨てた。それをさせる力が、シャトーブリアンにあったのだ。困難に出会っても良《い》い、ではない。困難を自ら積極的に望むのだ。困難な運命に憧れる自己になる。そうすれば、宇宙的使命が降り注いで来る。

no.105

理由のわからない可笑《おか》しさが、
ひょいとこみ上げて来たのです。

『ヴィヨンの妻』より

太宰治（1909-1948）

小説家。井伏鱒二に師事。自虐的、反俗的な文体で人間の偽善を告発する作品を多数発表。戦後は無頼派文学の旗手として活躍するが、玉川上水で入水自殺した。代表作に『斜陽』、『人間失格』等がある。

人間の使命に生きようとして、なお生き切れぬ人たちの悲哀が綴られていく。人間の魂に忠実であろうとして、生活の重圧に押し潰されていく人たちの叫びと言ってもいいだろう。その中に漂う「黄昏のユーモア」とも言うべきものが見える。真のユーモアとは、人生の苦痛から生まれる憧れの断片ではないだろうか。すべての憧れは「弱さ」によって潰されてしまう。それを嗤《わら》う人間は、人生の苦しみを背負わぬ者に違いない。その魂の清純を見つめなければならない。

人間の魂の中に鎮《しず》む、純心を見ることが本当の人生を創る。それが自己の人生を立てるユーモアを生むのだ。ユーモアのない人生は、動物の生だ。右の言葉は、その苦しみの中から込み上げる人間性の豊かさを示す言葉に他ならない。負け続ける人間の純情を知っているのだ。この台詞は、その本質的情景を捉えている。つまり、この苦悩の物語の中に、真の愛をもたらす言葉なのだ。愛は、苦しみの中に希望をもたらす力がある。それが自然と湧き上がった情景である。人間の真の豊かさだ。

無理にではない。「ひょい」と可笑しみを感ずるのだ。自然の中に、我々の生の喜びを見出すのである。悲哀の中に、可笑しさを見出すことが日本人の美意識を育んで来た。貧しさの中に、我々の祖先たちは喜びの種子を見ていた。苦悩の中に、真の美しさを見たのだ。この言葉に出会ったとき、私は人間のもつ苦悩の多くを理解した。そしてこの言葉を思い出す度に、私は自己の運命を真正面から見つめる勇気を得るのだ。我々の魂の奥底には、生の喜びが眠っている。

no.106

人間は赤面する唯一の動物である。

Man is the only animal that blushes.

『赤道に沿って』より

マーク・トウェイン（1835-1910）

アメリカの小説家。少年期に父を失い、印刷屋の奉公、ミシシッピ川の水先案内人を経て新聞社に勤務。文筆活動に入る。自身の幼年時代を自伝的に描いた小説で20世紀を代表する文学者となった。『トム・ソーヤーの冒険』、『ハックルベリ・フィンの冒険』等。

　マーク・トウェインの文学には、悲哀が匂い立っている。その悲哀の心情の下《もと》に、機知に富んだユーモアが漂うのだ。その魅力は、我々日本人の心情に通ずる独特の「あはれ」がある。トウェインのユーモアに触れることは、日本人に逆に日本的霊性を思い起こさせるのである。悲哀を湛えたユーモアは、人間の生活に深い味わいを醸《かも》し出すことになる。そして、その情感は恥の心情を育んでいくに違いない。悲哀を抱き締める生活は、人間に恥を重んずる生き方を課していくのだ。

　恥の心情は、人間を人間らしく育てる。恥ずかしいという気持は、人間にとって最も尊い心情なのだ。そして人間は、恥を感じたときに顔を赤らめる。その赤面は、人間の最も人間らしい発露に他ならない。私も自分の人生において、赤面をした思い出は深く印象に残っている。その印象は途轍もなく深い。赤面をした思い出の数々は、一つの例外もなく記憶にこびり付いている。そして、いつでも突然に思い出し、生涯に亘って私の行動を身震いと共に律する力があるのだ。

　右の言葉によって、私は若き日より恥と赤面の尊さを知った。人間だけにある人間だけの尊さである。そして、恥を知る人間の美しさに出会う人生となった。その人たちは赤面と共に、その人間力を飛躍していった。私も赤面したことだけが、自己変革に成功した事柄となった。恥の概念は、人間だけに与えられたものだ。だから、それは我々人類がもつ宇宙的使命に直結しているに違いない。現代人は恥を失いつつある。この頃は、人間の赤面を見ることも少なくなった。

no.107

人間の生成とは、精神の力によって世界開放性へと高まることである。

Menschwerdung ist Erhebung zur Weltoffenheit kraft des Geistes.

『宇宙における人間の地位』より

マックス・シェーラー（1874-1928）

ドイツの哲学者・社会学者。現象学の影響を強く受け、その方法を倫理学、宗教学、社会学等に当てはめた。外務省の仕事に従事。ケルン大学、フランクフルト大学の教授を歴任した。代表作に『倫理学における形式主義と実質的価値倫理学』、『宇宙における人間の地位』等がある。

人間の生成とは、人類の生誕を意味している。その生誕の繰り返しが、人間を生むのだ。つまり、我々が日々新たに、人間と成っていく過程そのものを表わす。人間は、人間と成らなければ人間ではない。我々は、生まれながらの人間ではない。生まれるのは、あくまでも動物としての肉体に限られる。その肉体に宿る人間の精神は、その発生から徐々に自分の力で創り上げていく。精神は、自ら精神の再生を行なうのだ。精神は精神によって成長する。

その精神は、「世界開放性」へと向かっていく。世界開放性とは、脱＝現実化ということである。自己の生命を理念化するのだ。自己に与えられた運命が、理想に向かって歩むことを求める衝動に違いない。我々を生み出した宇宙の意志を、この地上に投影する決意だ。閉じ込められた世界に存在する肉体を、無限の宇宙に脱出させる。精神の力によって、それを行なう。それが我々の人生の目的となる。そのために必要なことが、「否《ノン》」を発する勇気なのだ。否定の弁証法に尽きよう。

この地上の否定によって、自己の実存が開放される。そして我々の運命は、自由へ向かって羽ばたいて行くのだ。その自由を、あの森有正氏と語り合った日々を忘れない。私はシェーラーを森氏に教わった。そして、この世界開放性を語り合ったのだ。理想に向かって生きることが、人間に与えられた使命なのだ。たとえその理想が、現実に敗れ去ることがあろうとも、我々は人間である限りそうしなければならない。人間であるということの意味は、宇宙の意志を自己の双肩に担うことに等しい。

no.108

待つことしか存在していないのだ。

Il n'y a qu'à attendre.

『ゴドーを待ちながら』より

サミュエル・ベケット（1906-1989）

アイルランド出身の劇作家・小説家。パリのエコール・ノルマル・シュペリウールで英語講師として勤務。のちヨーロッパ各地を遍歴、第二次大戦中は抵抗運動に参加。戦後はパリで執筆活動に専念し、数々の作品を発表した。代表作に『ゴドーを待ちながら』、『モロイ』等。

我々の人生は、何かを待つことしかない。その何かが分からない。分からないが、その何かを待ち続けることとしか生きることは出来ない。この広大な混沌の世の中に生まれ落ちて、ただ一つ確かなことは、我々は何かを待っているということなのだ。その待つことの宇宙的真理が分かれば、我々の人生は必ず立つ。信ずるとは、その待つものの特定に他ならない。信ずる人間にだけ、本当の人生が訪れる。そのいわれは、ここに尽きるのである。

それが間違っていようと、信ずる者にはそれを待つ「人生」が与えられる。待つものが決まれば、自己の運命が回転を始める。自己固有の人生が動き出すのだ。信ずるものがない人間は、その運命が死に絶える。死に絶えた運命が、安心・安全・補償を志向するのである。運命が死に絶えれば、人間の精神は死ぬ。それによって、肉体の人生だけしか見ることが出来なくなってしまう。自己固有の運命こそが、人生そのものを意味しているのだ。そして、それは待つことによってしか発動しない。

私は自己の運命を愛して来た。運命への愛は、私の根本哲学となっている。待つことの運命性を語る、このベケットの舞台に触れたとき、まさに私の運命は震撼したのだ。理想とは、待つことに他ならない。その悲しみを抱き締めることである。彼方に煌く憧れに向かって生きる。それは、「まだ・ない」ものを待つことなのだ。ベケットの深淵が、私の魂を貫通した。信ずることの本質を、私はベケットの言葉に見出したのだ。私は死ぬまで、まだ来《こ》ぬ何かを待ち続けるだろう。

no.109

科学は人間の形成であるにかかわらず、人間を超えたいわば宇宙性において成立する。

『科学史の哲学』より

下村寅太郎（1902-1995）

哲学者。西田幾多郎、田辺元に師事。東京教育大学教授。西田哲学を基礎に哲学、自然科学論、芸術論等を独自の精神史的視点から研究。代表作に『自然哲学』、『レオナルド・ダ・ヴィンチ』等。

科学の本質を捉えた、最も深遠な思想である。それが下村寅太郎だ。下村の書物には、感動せぬものは一つもない。その中でも、特に未来への予言性は、他の科学者たちの追随を許さぬものがある。下村の予言は、私の「未来論」を支える最も深い理論なのだ。その理論は、西洋の本質と東洋の実体の把握の上に築かれている。右の言葉は、人間の行き着く先について、私に最終的直感を授けてくれたものの一つなのだ。科学を動かすものが何であるのか。私はこの言葉によって理解した。

三崎船舶の平井社長から、この下村理論を教えられた。平井社長は、下村の数学理論を面白がっていたが、私はその科学哲学に特に惹かれていた。私は朝の八時から、夜の十一時まで働き続けた。造船所の労働は過酷だったが、それ以上の幸福を与えてくれた。私の青春は、その過酷の中に展開したのだ。休憩時間に平井社長と語り合う科学論は、私の精神を飛躍させてくれた。過酷な労働が、哲学と科学を私の内臓に擦《す》り込ませたのである。

私は自分の生命が、宇宙の力によって実存することを体感していた。その宇宙の力が、私に幸福を与えてくれたのだ。労働がそれを注入した。私の哲学と学問のすべては、このときの過酷な労働によって血肉となったのだ。人類が築いた科学の本質を、私は下村理論によって学んだ。しかし、それが脳髄を貫徹したのは労働の過酷だった。自分が生きようとする意志が、科学の生きようとする意志を捉えたと言えるのではないか。右の言葉を中心として、私は科学のあるべき姿と、科学がもたらす未来の在り方を体感したのだ。

no.110

一人の人間の夢は、万人の記憶の一部なのだ。

El sueño de uno es parte de la memoria de todos.

『創造者』より

ホルヘ・ルイス・ボルヘス（1899-1986）
アルゼンチンの詩人・小説家。教養の高い裕福な家庭に生まれる。青年時代にスイス、スペインに滞在し前衛思想に強く影響を受ける。帰国後、積極的な創作活動を開始し、幻想的作風で形而上学的テーマを追究した。『ブエノスアイレスの熱狂』、『伝奇集』等。

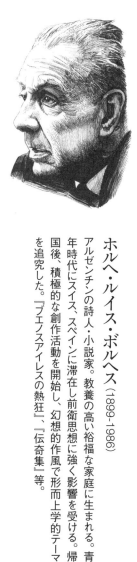

私の憧れは、人類の憧れである。私はそう思っている。そう信じて生きている。私は多くの先人たちの魂と語り続けて来た。その魂が叫ぶ声の響きに、心を震わせて来たのだ。人類がこの地上に誕生して以来、この地上に生きた人々に思いを馳せている。その人たちの魂の声を、私は必ず聴き取る決心で生きている。だから、私の憧れは人類の憧れなのだ。人類が憧れた「何ものか」を、私の魂が担っているに違いない。私は私ではない。私は人類の憧れの使徒なのだ。

私がボルヘスと出会ったのは、二十代だった。ボルヘスの文学は、私の魂を撃砕するだけの力を持っていた。ボルヘスは、人類の理想を生きようとしていたのだ。その心情が私の魂を摑んだ。人類の憧れを担うために、ボルヘスは祖国を愛した。祖国を愛するために、家族を死ぬほどに愛したのだ。同じ本の中で、ボルヘスは「祖国よ、私はおまえを感じるのだ」と言っている。この件《くだり》に来て、私は右の一文の全貌を摑んだと思っている。宇宙的使命は、足下から始まるのだ。

ボルヘスの文学は宇宙的である。しかし、ボルヘスはこの地上に根を張っているのだ。宇宙の力を、生活の中に落とし込んでいる。非日常を、日常と化してしまう。その運命の回転軸に、自己の生命がある。私はボルヘスの魂と同化する決意で生きた。そしてある程度それに成功したと思っている。右の言葉は、ボルヘスが他者の魂を通じて自身を語った言葉だ。それはまた、私の人生を語ってくれたことに通ずる。すべての人の憧れは、人類の憧れの結晶に他ならない。

no.111

人は無償で何ものかを得ることはできない。

One can't have something for nothing.

『すばらしい新世界』より

オルダス・ハクスリー（1894-1963）

イギリスの小説家・批評家。大学卒業後、詩作をよくしたが風刺小説『クローム・イエロー』の執筆を機に小説家としての地位を確立。人間の理性と本能の分裂を冷徹な知性で分析、ユーモアを交えて描いた。代表作に『すばらしい新世界』、『ガザに盲いて』等がある。

人間は、未来のゆえに生きることが出来るのだ。未来がなければ、我々は今日の日を生きることさえ出来ないだろう。我々に生《せい》を与えてくれる恩寵とは、未来そのものに他ならない。未来だけが、我々の現実に希望を授けてくれる。人間とは、希望が生み出した宇宙的実存である。この大宇宙に意味がある限り、人間の存在は宇宙の必然となっているのだ。我々は、その未来をこの双肩に担って生まれて来た。人間の誕生の神秘は、そこに存している。我々の未来は、神の希望である。

希望だけが、私の人生を支えて来た。人間の夢が、私に信念を培わせて来たのだ。その夢の軸心を、私は武士道の深淵から汲み上げて来た。その武士道が、最も共振する作家のひとりに、英国のオルダス・ハクスリーがいた。英国最高の知性と謳われたハクスリーは、私の夢に量り知れない資源を焼《く》べ続けてくれた。その予言文学において、私に私の未来を投射してくれた。そして、人間に生まれた使命を私に伝達してくれたと言えよう。文学において、哲学において、ハクスリーは私自身と同化している。

人類の未来について考えるとき、このハクスリーの言葉はそのすべてを語っている。これはハクスリーの予言文学の核心的思想である。人類の未来を示す確実な「真理」なのだ。いかなることにも、その代償がある。それが分かるか、分からないかに未来はかかっている。自分たちの行ないは、必ず相応の代償と報いを受けるのだ。我々の文明は、行なった通りの結果になるだろう。我々は宇宙の意志によって人間となり、地球に守られて歴史を育んだのだ。それが分かるか、分からないか。いま我々はそれを問われているに違いない。

no.112

銀《ぎん》椀《わん》裏《り》に雪を盛る。

銀椀裏盛雪。

『碧巌録』第一三則より

『碧巌録』

臨済宗の公案集。中国、宋の時代に雪竇重顕が『伝燈録』1700則の公案の中から100則を選出。それに対して圜悟克勤が垂示、著語、評唱を加えて成立。臨済宗の中では最も重視されている語録として有名。

小学校五年のとき、この言葉に出会った。そのとき、私は意味が何も分からずにただ驚愕したことを覚えている。その深淵に打たれたのである。何と美しい言葉なのだろうと思った。そして、この思想の中に自己の人生が隠されているように感じたのだ。それは直観だった。理由は何もない。それ以来、六十年に亘って、私はこの言葉の中に秘められたものと対峙し続けて来た。この思想と対決しなかった日は、一日もない。この言葉を自己だと思わなかった日は、ない。

銀の椀の中に、銀色に輝く雪を盛り付けるのだ。私はこの思想の中に、人生の悲哀のすべてを感じ取っている。人間が人間として生きる悲痛の根源を見ているのだ。無限との合一と言うべきだろうか。有限の中を生きる我々の生《せい》が、無限の深淵と融合していく悲しみが存している。宇宙の本源である核融合に向かう覚悟が、この禅の思想を自己に引き付けてくれる。我々の生は、宇宙の実在と融合することによって永遠を摑むことが出来る。それに向かう不退転の決意が滲んでいる。

宇宙的実在と合一することに、我々の生の意味があるのだ。我々は宇宙の神秘と融合しなければならない。我々は自身の生を殺すことによって、大いなるものと成っていくのだろう。雪は厳しく冷たい崇高を表わす。そして盛るとは、我々の生きる力そのものを表わしているのだ。飯《めし》を喰らう我々の命だ。我々は厳しく冷たいものと融合せねばならない。それが我々の本質だからだ。それを喰らって、生きなければならない。崇高が我々人類の目的なのだろう。それを受け取る我々の命も、また銀色に輝く崇高で出来ているのだ。

no.113

生きた生《せい》は……その一回性の恐るべき眼差しで私を見つめている。

Das gelebte Leben …… nun schauervoll einmalig blickt es mich an.

『我と汝・対話』より

マルチン・ブーバー（1878-1965）

ユダヤ系ドイツ人の宗教哲学者。大学で哲学、美術史を学び、フランクフルト大学教授を務める。対話の哲学と呼ばれる「我と汝」という概念を中心にした独自の哲学を築き上げた。また、ユダヤ教のハシディズムを紹介、翻訳した。『我と汝』、『人間という問題』等。

自己の生命を立てるには、孤独を抱き締めなければならない。自己の生命は、自己だけのものである。つまり誰にも理解されることはない。他者と分かち合えるものは、自己固有のものではない。理解とは、人間の生命がもつ一般論において有るのみだろう。従って、他の人々と分かち合えるものからは、自己固有の生《せい》が生まれ出づることはない。自己固有の生は、この命を与えてくれた宇宙の実在との関係においてしか生まれないのだ。その関係をマルチン・ブーバーは、我と汝の問題と名づけた。

我と汝の関係は、すべてが初めてであり、またすべてがそれで最後なのだ。その関係の上に、我々の真の人生が築かれていく。つまり、生きている生のことである。それは誰とも比較することのできぬ自分だけの生だ。それは、この世における一回性に自己の命を懸けることだけによって成就される。その命懸けの積み上げの上に自己の生は確立される。自己固有のその生は、宇宙の実在とだけ交流している。我々の生命の淵源としての宇宙は、我々の生を見つめているのだ。我々が生まれる前から、それはずっと見つめている。

我々が死ぬとき、その見つめる者の懐に抱《だ》き抱《かか》えられるだろう。そう生きるのが人間である。人間燃焼とは、それに尽きる。この世ではすべての機会が、一回しかないのだ。本当のものは、すべて一回しかない。何回もあることは、すべて嘘でしかない。人間が、文明を築くために思考した方便と言えよう。それを知っておく必要がある。自己の生を燃焼させるものは、運命として来る一回だけのものなのだ。本当に愛する者は、ただ独りしかいない。本当の役割は、ただ一つしかない。

no.114

芸術とは、反運命である。

L'art est un anti-destin.

『沈黙の声』より

アンドレ・マルロー(1901-1976)

フランスの作家・政治家。考古学者としてクメール文化遺跡の発掘調査に従事、また中国の革命運動に参加。それらの体験を元に数々の小説を発表。またスペイン内乱と第二次大戦での参戦経験も同じく作品となった。戦後はド・ゴール政権下で国務大臣を務めた。『王道』、『人間の条件』等。

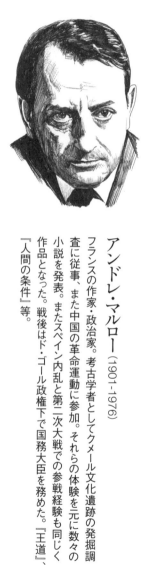

我々は、運命によって宇宙の根源と繋がっている。我々の生《せい》は、その運命に向かって生きているのだ。運命がもたらすものが、真の自由を生む。本当の人生に与えられる自由だ。我々は、自己の運命と出会うために生きている。だから、人生は自由を求める戦いともなっているのだ。自己の運命と、人間の自由は互いに響き合う。運命を生きた者だけが、真の自由と出会うことが出来るだろう。運命は、自己の運命を阻害する要因によって、その原動力を得ているのだ。

運命は、その反運命の力によって無限の弁証法的回転を得ていると言えよう。人類の歴史は、その反運命を宗教から得ていた。信仰の掟が、我々の運命を苛《さいな》んだのだ。それによって、我々の運命はその崇高を得ていた。宇宙の掟が、我々を打ちのめしてくれた。それが我々の運命の展開を助けていた。しかし、その宗教と信仰は二十世紀に至って死滅したのである。もう我々は本当の信仰に戻ることは出来ないだろう。その信仰に変わるものを、私は魂の芸術に感じている。

現代においては、芸術の力だけが我々の運命と対決することが出来る。我々の運命を打ちのめす力を持ち得ることが出来るのだ。現代の我々は、魂の芸術を真に愛することによってのみ、自己の運命を回転させられるだろう。自我を打ち砕く力を有する芸術と出会うことが大切である。それだけが我々の運命を、真の実存へと飛躍させるのだ。真の芸術とは、我々の運命に抗《あらが》う「何ものか」である。多分、その芸術は高貴で野蛮な雄叫びを上げているだろう。それは我々を恐れさせる生命の「実存」に違いない。

no.115

痴人でなければ知らぬ黄昏《たそがれ》の天地がある。

『三太郎の日記』より

阿部次郎（1883-1959）

哲学者・評論家。東京帝国大学卒業後、夏目漱石に師事。哲学青年の愛読書として名高い『三太郎の日記』を刊行。大学で美学講座を担当しながら、海外文化思潮の紹介にも尽力した。主な著作に『倫理学の根本問題』、『美学』等がある。

人間は、無限の中から生まれて来た。無限とその暗黒が、何ものかの意志によって我々となったのだ。その意志が、有限である我々を創った。その暗黒の淵源に横たわるものこそが、我々人類の還るべき故郷である。そこを目指して生きなければならない。そこに還るために死ななければならないのだ。それが人類の人類たる謂《い》われを創っている。現世に生きたまま、それを体験することを「覚醒」と言い慣わして来た。そして人類は、その覚醒を勇猛の精神の中に見出していたのだ。

勇猛だけが、人間に人間的な道を拓くことが出来る。人間のもつ価値の出現は、その人物の勇気にかかっている。勇気がなければ、肉体が朽ちるのを待つだけの人生となる。そして勇気を持てば、我々はすべて痴人となりまた狂人となるのだ。歴史は、それを伝える記録でもあるだろう。ドン・キホーテの崇高が分かるか。ファウストの幸福を感ずるか。そして、あの十字架の聖ヨハネの道を歩む勇気があるのかないのか。人生とは、それを問われているだけにしか私には見えない。

自分だけの道がある。それが人間として生まれた者の歩む本当の道だ。その先に何があるのかは、誰にも分からない。この宇宙でただ独り、自分の運命だけがそれを知っているのだ。その運命を愛する。それが勇気のすべてである。その勇気が、自己の生命をその本源に導いてくれるだろう。しかし、その道筋は誰も知らない。痴人と狂人だけが、そこへ向かって突進することが出来るのだ。その地平に見える黄昏は、多分、神々の黄昏だろう。そして、それは自己の故郷に違いない。

no.116

明日はもっと美しい歌をうたおう。

『コールリッジ詩集』「クーブラ・カーン、あるいは夢で見た幻想」より

サミュエル・コールリッジ（1772-1834）

イギリスの詩人・批評家。ロマン主義復興の先駆として、ワーズワースと共著『抒情民謡集』を刊行。超自然かつ幻想的な作風で知られる。また、ドイツ観念論哲学をイギリスに紹介した。「老水夫の歌」、『文学的自伝』等。

未来への決意が、人類の歴史を刻んで来た。人間はあらゆる悲惨を乗り越えて、今日に至ったのだ。その歴史の悲痛を嚙み締めることが、現在を生きるすべてを創っている。だから、現在とは過去の現実化とも言えるのだ。我々の中に、現在という時間はない。我々が現在と認識するものは、未来への希望だけなのだ。それ以外の事実は、すべて過去に過ぎない。未来のためだけに、我々はいま生きている。未来がなければ、いまの我々の生《せい》もまたない。その未来が、いま揺らいでいる。

現代の悲劇は、いまの幸福を追い求めることにある。無いものを求める虚無主義が、我々の心を蝕んでいる。つまり、いまの我々には未来は何も与えられていないのだ。それが、幻影の幸福に縋《すが》る生き方を生んでいる。未来だけが、人間の生《せい》を育んで来たことを思い出さなければならない。その未来を、自分の力で取り返す。現代とは、国家が未来を消滅させた時代とも言えるだろう。自分の運命を愛することによって、その未来は再び出現する。宇宙と直結する我々の運命の先に、真の未来がある。

いまは、まだ何もない。しかし自己の運命の先には「美しい歌」がある。コールリッジの幻想を、私は真実だと確信している。私は未来への夢を、この詩人によって得たのだ。それは人類のもつ混沌の深淵から生まれた歌だった。苦悩だけによって生きたこの天才が、もっと美しい歌に出会うことを願って生きていた。私はここに人間の原点を見た。涙とともに、私は人類の未来という観念をこの言葉によって摑んだのだ。

no.117

神の恩寵は、人間すべてに与えられるものではない。

La grâce de Dieu n'est point donée à tous hommes.

『キリスト教綱要』より

ジャン・カルヴァン（1509-1564）

フランスの宗教改革者。カトリックの聖職者を目指していたが回心によりプロテスタントに転向。宗教改革に加わり『キリスト教綱要』を出版。のち、旧・新約聖書のほぼ全ての注解を行なう。スイスにおいて、教会と市政の改革を指導した。

この思想が、あの偉大だった欧米を築いたのだ。峻厳なキリスト教プロテスタンティズムの中心思想である。良くも悪くも、欧米人は神に選ばれるために努力と研鑽の人生を歩んだに違いない。その結果が、十九世紀のあの偉大を生み出したと言えよう。ヒューマニズムに犯された現代人が、カルヴァンを嫌う最大の原因となっている言葉でもある。しかし、歴史を見れば真実は分かる。この思想は、真実である。だから厳しいのだ。好き嫌いの問題ではない。

しかし私も、大学一年で初めてこの言葉に接したときには狼狽《ろうばい》した。その真意を得ようとして、この「予定説」と呼ばれる思想の本だけで十数冊を読んだ。それに加え、当時ふかく師事していた森有正氏に何度も相談したのである。森氏はこの峻厳な思想を、カルヴァンのもつ勇気の問題として教えて下さった。私はこの考え方によって、武士道とキリスト教の核融合に成功したように思っている。自分の中で、武士道の不合理とキリスト教の不合理が融合した。そして、「絶対負」という哲学を生み出すことが出来たのだ。

それが、現在まで続く私の「運命論」の始まりだったように思う。神に選ばれるとは、自分の運命を生き切ることに他ならない。運命の中に、宇宙の実在が隠されているからだ。私は、人間に生まれたこと自体を大したことだとは思っていない。自分の生《せい》を燃焼し尽くすことに、人間の価値はあると思う。その燃焼は、自己の運命に体当たりすることによってしか行なわれない。つまり運命を生きるとは、勇気の証となるのだ。自分の人生の柱に、勇気を据えることが重要になる。そうすれば、この言葉が体内で燃え始めるのだ。

no.118

しかし生きた有機体までを含む自然科学の中に、意識は場所を持つべきだ。

In einer Naturwissenschaft, die auch die lebendigen Organismen mit umfaßt, muß das Bewußtsein aber einen Platz haben.

『部分と全体』より

ウェルナー・ハイゼンベルク（1901-1976）

ドイツの理論物理学者。行列力学を創始、不確定性原理を発見しシュレディンガーと並んで量子力学の基礎を確立。また、場の粒子論および原子核物理の発展にも多大な貢献を果たした。戦後は宇宙方程式による物質一元論を展開。著書に『部分と全体』等がある。

私は大学二年だった。その年のある時期、私は業病の再発によって生死の境をさ迷ったのだ。その奇蹟の回復の後、私は人間のもつ「意識」が、多くの物質の中にも存在し得ることを死の体験から得ていた。それは、自己の意識が他のものに移行した経験を踏まえてのものだった。その病気の前後、私は量子力学の思想に惹き付けられ、特にハイゼンベルクを研究していた。多くの論文を読みながら、ハイゼンベルクの人となりを知るために、当時は英訳しか出版されていなかった本書を読んだのだ。

そしてこの件《くだり》にぶつかり、驚愕したのである。ハイゼンベルクは、その量子力学の射程を意識の分野にまで広げていた。右の言葉に続いて「それは実在だからだ」という文があった。私は自己の量子力学観を、すでに見透かされているように感じて驚いた記憶がある。それと同時に、私の意識論について強い後押しの力を感じていた。二十世紀最大の物理学者が、私の意識論を物理的に応援してくれたように、私には思えたのだ。その嬉しさが、私の汎意識論の支えとも成った。

意識の根源は魂である。それは、あらゆる物質を貫徹する宇宙エネルギーとも言えよう。我々はそのエネルギーを肉体に受け、人間としての意識を屹立《きつりつ》せしめている。しかし、そのエネルギーは人間だけのものではないのだ。そのエネルギーを生かすことが出来るあらゆるものが、意識をもつ可能性を有している。我々人間は、人間に与えられた宇宙的使命のゆえに人間として歩んで来た。その意識が、我々の歴史を創ったのだ。それを忘れたとき、我々の終焉は静かにやって来るに違いない。

no.119

最上の人生は、陶酔にほかならない。

The best of life is but intoxication.

『ドン・ジュアン』より

ジョージ・ゴードン・バイロン（1788-1824）

イギリスの詩人。長詩『チャイルド・ハロルドの巡礼』が熱狂的な支持を得て、一躍社交界の寵児となる。イタリア放浪とギリシア独立戦争への参加ののち病死。熱狂と反抗意識に満ちた詩の数々は、19世紀のヨーロッパに大きな影響を与えた。ほか『カイン』、『マンフレッド』等。

自己の人生を、一篇の詩と化することが出来るか。それは、すべての人間に与えられた命題と言ってもいいだろう。その命題を、そのまま人生となした人物がバイロン卿に他ならない。自己の人生を、その運命の中に投げ入れ切った人生だった。つまり、生きながらにして「伝説」となったのだ。そしてその文学は、青春の血潮が煮え滾る魂の碑《いしぶみ》である。本書の他に、その波乱の運命を語る『チャイルド・ハロルドの遍歴』は、長く人間の魂の神秘を穿《うが》つ芸術となった。

私はバイロンの影響を強く受けて育った。それは明治の青年たちが、青春の熱情を語るときに必ず挙げていた人物だからだ。小学生のときに、与謝野鉄幹の「人を恋ふる歌」を私は愛した。その歌にも、また歌われていた。「あゝわれダンテの奇才なく　バイロン、ハイネの熱なきも…」と歌われたあの歌だ。ダンテやハイネと並んで、バイロンは無条件に私の青春を創り上げることになってくれた。すべての著作を貪るように読んだ。その高貴と野蛮が、私の心を打ち続けた。私の武士道が震えていた。

陶酔とは、ただの熱情ではない。それは、死ぬための熱情である。生きることのすべてを否定した先に存する、真の魂の慟哭と言っていいだろう。つまり、究極の人間燃焼を言う。この陶酔が、私の魂を震撼させてやまないのだ。この陶酔に、私は自己の武士道を感ずる。武士道は、熱情では足りないのだ。狂気が必要なのかもしれない。しかし私は陶酔を取りたい。それは、無限のロマンティシズムを湛える矜持に違いない。生命が放つ慟哭の涙である。

no.120

もはやエクリチュールしか残っていない。

Il ne reste plus que l'écriture.

『発熱』（序文）より

ジャン＝マリ・ギュスターヴ・ル・クレジオ（1940-）

フランスの小説家。イギリス人の父とフランス人の母のもとに生まれる。断片的な文章の挿入や反復の文体を実験的に試み、言葉によって現実を模索。ノーベル文学賞受賞。原初的な自然への憧憬を描いた作品が多い。作品に『大洪水』、『悪魔祓い』等がある。

ル・クレジオは、私の魂の現代的展開を後押ししてくれた作家の一人である。私よりも十歳の年長だが、私の大学生の頃に登場した新進作家だった。『調書』、『発熱』などに見られる位相空間的な心理分析は、若き日の私の魂を震撼させるものとなった。その独自の終末論的幻想は、人類を原初の混沌へと発展させていく魂の力を持っていたのだ。我々人類とは何なのか。我々はどこから来て、どこへ行くのか。私はル・クレジオの作品と共に、それを考え続けて生きて来たと言っていい。

我々ホモ・サピエンスの原点について、ル・クレジオほどのロマンティシズムを与えてくれた作家は少ない。人類のもつ宇宙的使命を、私はこの人物が描いた文学的情熱の中に感じ続けて来たのだ。人類が到達したシュールリアリズムの芸術観によって、人類がもつ原初の暗黒を描こうとしていた。それは、生の雄叫びであり、魂の慟哭と言ってもいいだろう。ある意味で、シュールを超えたシュールを表現していた。人類の発展の頂点は、そのまま、人類を生み出した暗黒の中に回帰していた。

それが右の言葉なのだ。エクリチュールとは、人類の残した碑銘や刻印である。人類の涙が認《したた》めた血の記録とも言えるだろう。それだけが、人類の魂の中心を創っている。我々人類の発展は、その複雑の極地を極めた。そして残ったものは、我々の祖先たちが刻した碑《いしぶみ》だけなのだ。その中に、人類のすべての憧れや希望が写されている。我々が到達しなければならない世界は、我々が歩み出した出発の門の内にある。年老いた人類は、故郷において、また甦るに違いない。

no.121

つねに大思想に生き、瑣末の事柄を軽視する慣わしを持て。

Suche beständig in großen Gedanken zu leben und das Kleinliche zu verachten.

『眠られぬ夜のために』より

カール・ヒルティ（1833-1909）

スイスの法学者・哲学者。大学で法律を学び、弁護士となる。ベルン大学総長、ハーグ国際仲裁裁判所判事などを歴任しながらキリスト教的立場から数多くの倫理的著作を著す。代表作に『幸福論』、『眠られぬ夜のために』等がある。

大思想は、私の人生を貫く柱である。私自身の大思想は、もちろん『葉隠』の武士道を措いて他にない。大思想だけが、人間の生《せい》を立てる力を持っている。自己の中に、大思想を立てなければ、自己本来の人生を全うすることは出来ない。大思想のためだけに生き、大思想のゆえに死するのである。その覚悟だけが、人間の燃焼を支えてくれる。大思想の根本は、真の愛と正義を地上にもたらすことにある。偽善を捨て、文字通り、大思想をそのままに生きる決意を言っているのだ。

過去には、大宗教がそれだった。そして先祖崇拝と大家族制度もまたそれに入るだろう。それらが生み出した生き方、つまり騎士道や武士道がその展開と言える。私は運良く、この人類的な大思想の末端に連なる生き方をして来た。それは偶然だった。私は無条件に、何ものかを信ずる力に恵まれていたのだと思っている。信じたものが、『葉隠』だったというのが私である。その信のほかは、私には何もない。しかし、その信ずるものが、大思想となったことが私に力を与えてくれた。

大思想に生きれば、人生のことはすべてどうにでもなる。ならなければ、死ねばいいのだ。瑣末の事柄とは、現世的な価値のすべてを言っている。それらを考える必要はない。大思想とは、命懸けで何ものかを信ずることを言う。そして、そのためだけに生き、そのためだけに死ぬ。その覚悟が肚に据われば、人類の偉大な文化ならそのすべてが、大思想に変換する。大思想とは、信ずる力のことである。自己が、死ぬほど信ずるものを創れば、それが大思想に他ならない。

no.122

荒れ狂う我が憧れは、道から外れ彼《か》の人を追っていく。

Si traviato è'l folle mi'desio a seguitar costei che 'n fuga è volta……

『カンツォニエーレ』(ソネット6)より

フランシスコ・ペトラルカ(1304-1374)
イタリアの詩人。自身の恋愛をきっかけに恋愛詩を書き始める。自身の執筆のためイタリア各地を転々とした後、桂冠詩人の称号を受ける。ルネサンス期を代表する抒情詩人。代表作に『カンツォニエーレ』、『アフリカ』等がある。

私はペトラルカに、ヨーロッパの詩の原点を見出していた。吟遊詩人によって歌われた愛は、ペトラルカを経て、あの偉大なロマン主義を生み出していったように思う。ペトラルカの詩は、後にシェークスピアによって鍛えられ、その「忍ぶ恋」をヨーロッパ精神の根源に据えたのである。ペトラルカの持つ騎士道が、後のヨーロッパ精神を導き出した。「隠された愛」が、精神の偉大を創り上げていったのだ。これはルネサンスの「輝き」に違いない。

私は高校生のときに、この文学を英訳書によって読んだ。その動機は、ダンテの『神曲』の理解をより深めたい一心によってだった。しかし、これを読み進むにつれ、ペトラルカの秘めた「忍ぶ恋」のロマンティシズムにのめり込んでいったのだ。私はそこに、自分のもつ「忍ぶ恋」と同根の思想を見出していた。『葉隠』の武士道が、ヨーロッパ・ルネサンスの精神と重なり合った。私は自己の武士道に、より深い誇りを感じた。忍ぶ恋こそが、自己固有の道を創るのだ。

忍ぶ恋の憧れと慟哭だけが、魂の道を切り拓いていく。そのことに東西の違いはないのだ。人類が誕生して以来、人間の精神を深めて来たものの根源に忍ぶ恋がある。この秘められた愛だけが、人間の宇宙的使命を自己の魂に引き寄せることが出来るのだ。騎士道も武士道も、その秘められた愛によって築き上げられて来た。絶対に到達できない遠い憧れに向かって、我々の祖先は生きようとした。人間に生まれた喜びを、自己の魂の燃焼に感じたのだ。我々は、その血を受け継ぐ者である。

no.123

夢見ることを止《や》めた時、
その青春は終わるのである。

『愛と認識との出発』より

倉田百三（1891-1943）

劇作家・評論家。西田幾多郎に傾倒し、京都の「一灯園」にて宗教・文学に専心した。その後、作品を次々に発表し大正期を代表する作家となった。代表作に『親鸞』、『出家とその弟子』等がある。

本書は、戦前の旧制高等学校の生徒に、最も読まれた本として名高い。日本のものでは、他に西田幾多郎の『善の研究』、阿部次郎の『三太郎の日記』が挙げられよう。私は小中学生のときから、旧制高校の気風をこよなく愛していた。全国にあった三十三の旧制高校それぞれの校歌と寮歌は、すべて私の愛唱歌だった。学生服にマント、そして高下駄という弊衣破帽でただ独り、寮歌を歌いながら読書に明け暮れていた。それが、私の中学から高校の生活だった。

そのような理由で、この『愛と認識との出発』は、愛読書の中の愛読書だったのだ。読みに読んで、体当たりの突進を喰らわせていた本の代表と言えよう。私は本書によって、戦いの中から紡《つむ》ぎ出される愛と運命の軸心を学んだと思っている。自己の信念による戦いにとって、何が最も大切なものなのかを感ずることが出来たのだ。それは正直と清純である。この二つが屹立《きつりつ》していなければ、自己の信念を打ち立てることは出来ない。この本によって、私はそういう確信を得たのだ。つまり本書は、真の恩人のひとりとなった。

本書が再刊されるとき、倉田百三は出版後十五年の経緯を含めて、この本を締め括る言葉を発した。その最後の言葉が、右の感慨なのだ。この名著の要約と言っていいだろう。人生とは、青春のことなのである。それが愛と運命を信ずる者の生きる姿勢だ。正直と清純が、その人生を支えてくれるに違いない。人間は、夢に生きなければならない。夢だけが、必ず自己の人生を創ってくれるのだ。死ぬ日まで、夢から醒めてはならない。そして死が、新しい夢への旅立ちを手伝ってくれるだろう。

no.124

渓雲《けいうん》漠漠《ばくばく》たり水《みず》冷冷《れいれい》たり。

渓雲漠漠水冷冷。

『詩集』「偶感」より

王陽明（1472-1528）

中国、明の哲学者・政治家。様々な官職を歴任、賊の反乱を治めるなどして軍事的、行政的に名声を得る。朱子学を修めるが、思索の末「知行合一」と「致良知」を提唱した。陽明学を創始し、実践哲学の道を開く。『伝習録』等。

王陽明の思想は、私の根源を支えている武士道に、汲めども尽きぬ力を注ぎ続けてくれている。その思想は、『伝習録』を読み込むことによって理解することが出来る。また自己の信念のゆえに、命懸けの人生を送った多くの人々の生き方の中に見ることが出来る。吉田松陰、西郷隆盛、そして大塩平八郎や頭山満の名を挙げれば充分だろう。一言で言えば、自己の信念に、自分の命を懸ける生き方そのものの思想化と言えよう。「知行合一《ちぎょうごういつ》」と呼ばれ、人類文明の中枢を貫徹する思想である。

私はその思想の影響を、強く受けながら育った。私が信ずる『葉隠』を支えている思想でもあるからだ。学問や思想の中に生き方と死に方を問うことによって、陽明学は輝いて来る。思想と人生が別の人間にとっては、陽明学は無用となろう。陽明学の真の価値は、それを命懸けで学び、そして捨て去ることによって作動する。捨てることによって生きて来る学問が、陽明学なのだ。陽明学を大切にし過ぎると、陽明の思想を生かすことが出来ない。だからこそ、陽明学は「真の思想」と言えるのだ。

私は中学生のときから、『伝習録』の研究をしている。そして、二十九歳のときにそれを捨てた。捨てた後、陽明の教えを体現するときに、いつでも思い浮かべる言葉がこの言葉なのだ。陽明のもつ男らしさをここに感ずる。陽明のもつ潔さを私はこの言葉に感ずるのだ。自分の生き方が、宇宙とこの地上において、どう在るべきか。私はこの言葉によって毎日それを思い出している。美しい言葉である。崇高を自己に引き付ける力を感ずる。自分と自然が、全く同体であることを感ずる。

no.125

人間は、精神をもつことによって存在する。

Der Mensch ist, indem er Geist hat.

『教会教義学』より

カール・バルト（1886-1968）

スイスの神学者。独自の聖書解釈により当時の若い神学者、牧師に大きな影響を与え、その理論は弁証法神学と呼ばれる。ヒトラーの台頭に際しては、反ナチ教会闘争の中心的指導者として活躍した。生涯に亘り『教会教義学』を書き続け、未完のまま没したがその内容は1万ページを超える。ほか『ローマ書』等。

カール・バルトは、二十世紀最大の神学者である。いや、キリスト教最後の予言者と言ってもいいだろう。信仰を完全に失ったこの時代に、神の実在を証明したのだ。その膨大な『教会教義学』は、バルト思想の金字塔と言えよう。その業績は、中世の聖トマス・アクィナスそして宗教革命のジャン・カルヴァンの他に比肩し得るものはない。信ずることの存在理由を、これほどに納得させてくれるものもないだろう。バルトのもつ騎士道に、内村鑑三を感ずるのは、果たして私だけだろうか。

現代社会の根源的誤謬は、人間存在の中心を肉体に置いたことにある。人間は、肉体ではない。それは魂に基因する「精神」を載せるための、乗り物に過ぎないのだ。この事実を、そのままに信ずる者だけが「人間」に成ることが出来る。肉体は動物である。精神が、その肉体を完全に支配することによって、人間が立ち上がる。精神は、脳ではない。人間のもつ宇宙的使命を、この世で実現しようとする全身の意志のことだ。その意志が、この地上において肉体を必要としている。

生きるとは、この世に棲息《せいそく》することではない。生きるとは、この世で真の人間として死ぬことを意味している。つまり、人間のもつ宇宙的使命をこの世に刻み付けた後に、果てるということに尽きる。そして人間の使命とは何か、である。それは、この地上において愛と義を実行することにある。その実行のために、いつでも肉体を投げ捨てる気概が人間の人生を創っている。だから人類は、西洋では騎士道精神を生み、日本では武士道精神を生んだのである。

no.126

人間の意識は、脳から湧き出てくるのではない。

La conscience ne jaillit pas du cerveau.

『創造的進化』より

アンリ・ベルクソン（1859-1941）

フランスの哲学者。分析的な知性を批判し、生命の流動性や内的認識、直観を重視した独自の哲学を提唱。近代的な自然科学的、機械的思考法の克服を主張した。著作に『物質と記憶』、『創造的進化』等がある。

脳は内臓である。それが、いま分からなくなってしまった。脳が人間の中枢であるかのように思ってしまったのだ。内臓は物質に過ぎない。多くの内臓がそうであるように、脳も蛋白質によって作られた器官の一つと言えよう。特に神経的生命作用を司るように、自然によって設計された構築物の一つが脳なのだ。我々は、人間の思考が脳から生まれると錯覚している。その錯覚によって、我々は途轍もない物質主義の誤りに陥ってしまった。それが現代と言えるのではないか。

脳の中を走るものがいる。脳を貫通していくものがある。脳という器官を「利用」している電磁波が存在する。それらは外部から直接来るものも多くある。そして、我々の全身の「存在」そのものを通して、伝わって来るものもまた多くあるのだ。それらの作用が、脳の「機構」の中で取捨選択されまた濾過されているのだろう。我々の人間としての心、つまり意識は我々の「存在そのもの」の中から生まれて来るのだ。半分は我々の全身の器官から来る。そして残りの半分は、天空と地底から直接やって来るのだ。

近代の思想で最も大きな誤りは、「人間存在」の捉え方を間違えたことにある。人間の肉体が地球上に自立し、その意識が宇宙的に独立したものだと思い込んでしまったのだ。そこから、近代の傲慢が生まれて来た。私はベルクソンの生命哲学に触れ、そのことを深く理解することが出来た。長く喉の奥に突き刺さっていた異物が、取れたような思いと言える。私の生命哲学は、このベルクソンの理論から出発している。そして後に、テイヤール・ド・シャルダンに出会うことによって、それは確立した。絶対負の思想が、蠢《うごめ》き出したのである。

no.127

個人も社会も、等しく割れていた。

Individuals were riven as much as society.

『メリトクラシー』より

マイケル・ヤング（1915-2002）

イギリスの社会学者・社会活動家・政治家。大学で経済学を学び、法定弁護士の資格を取得。労働党で研究者として勤務ののち、自身で研究所を設立し社会改革案を探求。著書『メリトクラシー』は社会に大きな影響を与えた。

マイケル・ヤングは英国の社会学者である。日本ではあまり知られていないが、その科学的なフィールド・ワークから帰納された学説は重厚であり深淵ですらある。その理論の多くに、私は衝撃を受けたと言えるだろう。その一つに、「負い目」の理論というものがある。つまり、負い目があるほど社会は発展し、個人は自立していくというものだ。その理論の実証の一つとして、ヤングはあの十九世紀ヴィクトリア朝の英国社会を取り挙げていた。社会には道徳が行き渡り、英国の勢いが世界を呑んだあの時代だ。

私は武士道だけを信じて生きている。だから、あの十九世紀のジェントルマンは最も好きな人種なのだ。一つの哲学を持ち、その哲学のためにのみ生きそして死ぬ。これが英国紳士の定義である。まさに武士道ではないか。私の理想と言っていい。あの時代の英国は、私に限りない希望と勇気をもたらしてくれる存在だったのだ。その英国が、当時、負い目を持つ人間だけの社会だったとヤングは結論づけたのである。

これが衝撃でなくて、何を衝撃と言うのか。日本では負い目ほど印象の悪い事柄はなかった。その最悪と言われた心理が、世界最強の社会を創ったと言うのだ。十九世紀においては、時代の趨勢により、貴族は生まれながらに貴族であることに負い目を感じていた。信仰を失いつつある国民は、自分の魂の存立に負い目を感じ続けていた。そして奮励努力の末に出世した人々は、まだ厳然として存在する上流階級の前でコンプレックスに打ちひしがれていた。すべての人が、自分に欠落を感じていた。満足と幸福の反対だ。それが英国を輝かせていたのだ。右の言葉は、それを一言で言っている。

no.128

それは一芸に執して、現実の多くを失った人の、悲劇の果ての顔だからでもあろう。

『名人』より

川端康成(1899-1972)

小説家。横光利一らと文芸雑誌を創刊、「新感覚派」の旗手として注目される。のち日本的抒情の豊かな作品を数多く発表、日本を代表する文学者としての地位を確立した。日本人として初めてノーベル文学賞受賞。代表作に『伊豆の踊子』、『雪国』等。

名人、本因坊秀哉《しゅうさい》は引退碁に敗けた。それは、一つの歴史の転換でもあっただろう。川端康成は、その対局を観戦し記録したのだ。それが『名人』である。私はこれを稀代の名著だと思っている。私は碁を嗜《たしな》むことはないが、碁の有する深淵をここに見ているのだ。そして、秀哉名人の生き方とその死に様の中に、自己の人生を投影したと言えよう。名人が死んだとき、川端康成はその死顔を写真に残した。そしてその死顔の香気と哀愁を語り、非現実的な顔の存在を伝えている。それに続いて右の一文となったのだ。

私はこの非現実的な死顔を想像した。そして一芸のために、全生涯を懸けた人間の霊魂を偲んでいた。私はこの名人の人生をよしとした。自分もそれに倣《なら》うことを深く確信したのだ。私は武士道だけの人間である。だから一つの道しか知らない。そこにこの名人との共感が生まれた。私は武士道だけで生き、それだけで死ぬつもりだ。その結果を、川端は記録に残してくれた。では、私もそうなろうではないか。私の覚悟を促す書物ともなってくれたのだ。

非現実的な顔は、私の憧れとなった。元々、私は現実社会が大嫌いだったので、これは助かった。その結果は、現実の多くを失うことになるのだろう。しかし、それはそれだけ多くの非現実を得られることを意味している。この本は、私に限りない希望を与えてくれたとも言える。非現実の顔が悲劇の顔なら、その悲劇の顔が私の最終目標となるだろう。悲劇とは、崇高のことだ。崇高は、武士道の根源思想である。悲劇を味わうことが、私の人生を創ってくれるに違いない。

no.129

しかし君は跳ばなければならない。

But you will have to leap.

『オーデン詩集』「見る前に跳べ」より

W・H・オーデン（1907-1973）

イギリスの詩人。マルクスやフロイトの思想を駆使した詩劇を発表、人間疎外に陥る社会に警鐘を鳴らして名声を得る。次第に政治的な主題から離れて宗教的になり、信仰と知性の葛藤を包摂する愛を歌った。代表作に『新年の手紙』、『不安の時代』等がある。

跳ぶとは、非日常性を表わしている。人間の本来は、非日常が人生なのだ。日常は、非日常のための準備でしかない。日常を普通の人生としたとき、我々の人間燃焼は終わる。我々は自己の人生に、非日常を求めることによって立ち上がることが出来るのだ。非日常のために生きれば、我々の人生は詩のロマンティシズムに包まれるだろう。自己の人生を、一篇の詩となさなければならない。それが人間に生まれた使命である。人生とは、詩を実現するためだけにあるのだ。

W・H・オーデンは、この詩においてそれだけを言っている。安定と幸福の中に、自己の生命を殺してはならないと叫んでいるのだ。詩は切々と、生命の燃焼を謳い上げていく。それが日常となることを願って謳っている。非日常を日常と化するには、勇気だけが必要なのだ。勇気さえあれば、誰の人生でも詩となることが出来る。自己の人生が詩となれば、それだけでいい。それで、人間に与えられた宇宙的使命を果たしていることになる。自分に与えられた人生に、生の飛躍《エラン・ヴィタール》をもたらすのだ。

人間の生命とは、飛躍することにだけ価値があるのだ。オーデンの詩は、その各段落ごとにこの右の言葉を繰り返している。そのオーデンの願いが見えなければならない。人生とは、その飛躍によって自己の生命的価値を放射するためにある。この詩に出会ったとき、私は詩の魂を摑むことが出来た。それは自分が、自己の幸福だけを望んではいなかったからだ。成功と幸福を望むとき、人間は日常に埋没し、限りなく勇気を失う。我々は、そこから勇気を奮って跳ばなければならない。

no.130

一《いち》斬《ざん》して一切《いっさい》を斬《ざん》する。

一斬一切斬。

『碧巌録』第一九則より

『碧巌録』

臨済宗の公案集。中国、宋の時代に雪竇重顕が、唐代の禅者の伝記の中から百則の問答を選んだ。それに対して禅僧臨済宗十一世の圜悟克勤が前文と批評を加えたもの。禅文学の価値も大きい。

一つのものを斬《き》れば、すべてのものを斬ったことになる。そう禅匠倶胝《ぐてい》が言ったと『碧巌録』は伝えている。この言葉に出会ったとき、私は十六歳になったばかりだった。丁度、そのとき真剣の素振りを一日に千回行なっていた。だからこの言葉は、私の魂に直接に響いたのだ。魂に震撼が走ったと言ってもいいだろう。私の武士道を支える思想に育つことを直観した。それ以来、半世紀を越えて、この言葉が持つ意味を私は考え続けている。そしてこの思想と共に歩めることを、私は誇りに思っているのだ。

私はこの思想によって、「運命への愛《アモール・ファーティ》」に向かう勇猛心を知ったように思う。運命への愛は、勇気だけがそれを引き寄せることが出来るのだ。その勇気とは、人生の出来事に一斬を喰らわす決意から生まれる。そしてその一斬の勇気は、そこに宇宙のすべてが包含されていることを信じなければ断行できない。だから一斬が、自己の存在理由のすべてに渡ることが大切である。それが、自己の運命を愛し信じることに徐々に繋がっていくのだ。私は自分の一斬が、すべてを斬することに繋がることを実感したと言っていい。

それが運命への愛を育んでくれたに違いない。人生において、何が自分の一斬になるのか。それを考え続けて来たように思う。自己の最も嫌うものを、断じて行なうことが一切斬を生み出すことを知ることにもなった。そして、未完の人生を受け入れる覚悟が、自己の一斬になることに気付くときがあったのだ。自己に犬死の人生を受け入れたとき、自分の前に立ちはだかる一切のものが斬り捨てられていく。何を斬れば、一切を斬れるか。運命を愛すれば、それが必ず見えて来る。

no.131

真の芸術は、虚偽の真実である。

El Arte es una mentira que nos hace ver la verdad.

『The Arts in New York』誌（1927年5月号に掲載されたピカソの言葉）より

パブロ・ピカソ（1881-1973）

スペイン出身の画家。マドリードの王立美術学校に学び、「青の時代」「バラ色の時代」を経てキュビズムを創始。その後も留まることなく新境地を切り開き続け、20世紀美術界を代表する人物となった。絵画のみならず陶芸、彫刻、版画等もよくした。「アビニョンの娘たち」、「ゲルニカ」等。

ピカソの絵画との出会いは、私が中学一年のときだった。私は美術部に入部し、斎藤正夫先生の指導を受けていたのだ。先生は我々に対し、ピカソの絵画の分析研究を披露して下さった。その衝撃は、生涯に亘り私の絵画論を覆うものとなった。二十世紀におけるピカソの価値を、先生はその「勇気」に置いていたのである。芸術における破壊と生成の中に、我が身を投げ入れる勇気について語って下さった。その思想は、先生のもつ悪魔的な力によって我々生徒の心に深く打ち込まれた。

私はピカソを、破壊の芸術家として今日でも尊敬している。真の芸術の根源を支える、その「破壊の思想」を述べたものが、この右の言葉となるだろう。破壊と再生の真の意味である。その中枢には、勇気が存在しているのだ。社会や他者に認められる行ないが、たやすい人生を創ってしまう。勇気だけが、自己固有の使命に基づく人生を築く力となる。自己固有のものは、社会的に言えばすべて虚偽とされるものだ。その虚偽に、自己の命を懸けられるかどうかが人生を決する。

自己が信ずるものとは、初めはすべて虚偽だったものに他ならない。それを、この世の真実にすることが出来るかどうか。人生とは、それが問われている。だから信じられる自己の生き方を創った人間だけが、自己固有の人生を得られるのである。社会的に虚偽とされるものを、自己が真実として信じなければならない。そこに勇気の本質がある。芸術を中心として、価値のあるものはすべて、虚偽が生み出した真実と言えよう。人生の「未完」を覚悟した人だけに、それは出来る。

no.132

よそ者として訪れ、よそ者として去り行く。

Fremd bin ich eingezogen, Fremd zieh'ich wieder aus.

「冬の旅」より

ヴィルヘルム・ミュラー（1794-1827）

ドイツの詩人。大学卒業後、ギムナジウムで教師、図書館長を務める。ロマン溢れる民衆的心情の詩を多数執筆。特に「美しき水車小屋の娘」と「冬の旅」は、シューベルトの作曲によって広く知られる。ほか『ギリシア人の歌』等。

あのフランツ・シューベルトによって、「歌曲」として歌い上げられた名作である。シューベルトの「冬の旅」は、このミュラーの詩を歌ったものなのだ。ゲーテの詩を歌った「魔王」と並び、「冬の旅」はドイツ・リートの名曲として今に残っている。私は小学校五年のときから、この「冬の旅」と「魔王」をこよなく愛して来た。シューベルトと旧制高校寮歌は、私の武士道を支える歌だった。そこには、人間存在の苦悩と希望が織り上げられていたのだ。人間として生き、人間として死ぬ。その精神のことだ。

人生とは、それそのものが旅なのだ。我々は、この世に旅人としてやって来た。そして故郷へ向かって死ぬ。人間として生きるとは、それを言っている。多くの宗教家や魂に生きた人々が口を揃えてそう言っていた。それが、人間としてこの現世を生きる慎しみを生んで来た。松尾芭蕉もその『奥の細道』において、人生を「百代の過客《はくたいのかかく》」と表わし、そこに生きる我々を「旅人」と認《したた》めていた。その精神がまた、あの偉大な芸術を生み出したのだろう。

私も、自分自身をこの世の旅人だと思っている。この世そのものを旅している。だから、特別に旅行に行きたいと思ったこともない。私はこの世を精一杯に見て、そして感じて死ぬつもりだ。この世が終われば、懐かしい我が家に還ることが出来る。そこでは、愛する人々が待っているだろう。私の生《いのち》の淵源が、荒涼として広がっているに違いない。ミュラーの詩を口誦さむとき、私はいつでも故郷を偲んでいる。「冬の旅」を愛していた多くの先人たちと共に、人間の魂の故郷を仰ぎ見ているのだ。

no.133

情熱こそは、人間性のすべてである。

La passion est toute l'humanité.

『人間喜劇』(序文)より

オノレ・ド・バルザック(1799-1850)

フランスの小説家。若くして文学を志し、数々の作品を発表。フランス社会の様々な階層の人物を描いた約90篇の小説を執筆。それらを総称して『人間喜劇』と名付けた。これはリアリズム小説の祖とされ、善悪を包摂した人間社会の普遍的な全体像を描き切ったことで名高い。『ゴリオ爺さん』、『谷間の百合』等。

人間性のすべてを描き切った文学者として、バルザックは人類の頂点に位置している。『ゴリオ爺さん』や『従妹ベット』など、その大作品群はすべて人間心理を穿つ力を有している。そして、その大作品群がまた『人間喜劇』として、一つに収斂する大文学となっているのだ。人間性の本質を、これほど壮大な見地から見ること自体が、バルザックの魔性を表わしているに違いない。描かれた市井の人々の哀歓は、いまも全く古びることがない。そのバルザックが、右の言葉を述べているのだ。

情熱が、人間性と呼ばれるものを築き上げて来た。人類が営々と築き上げた文明とそれを支える文化は、一人ひとりの人間のもつ情熱によって築かれたのである。そしてまた、それは人々のもつ情熱によってのみ保たれて来た。つまり現人類は、その身の内に潜む情熱の力によって繁栄を得て来たと言ってもいいだろう。我々人類は、情熱の力によって立ち、それを失うときに滅びるという宿命に生きているのだ。いま我々は、理性や科学ですらが、人間のもつ情熱によって創られて来たことを忘れている。

情熱とは、不合理を苦しみ抜く力である。不可能に挑み続ける意志とも言えよう。愛のために、自らの命を投げ捨てる衝動なのだ。愛という暗黒に向かって、自らを捧げる精神のことだ。決して綺麗事ではない。それは優しさでも親切でも、善行ですらないのだ。自らの生命に、宇宙的真実を引き入れることに尽きよう。自らが真に感ずることを、信ずる力そのものである。その真実に向かって、突進する勇気を言っているのだ。

no.134

死よ、お前は死ぬのだ。

Death, thou shalt die.

「聖なるソネット」より

ジョン・ダン（1572頃-1631）

イギリスの詩人・聖職者。学生時代より詩作に熱中。聖職者として、セント・ポール寺院の首席司祭を務めた。独自の比喩表現と推論を特徴とする数々の詩を生み出した。のちにT・S・エリオットらを始めとする20世紀の詩人に大きな影響を与えた。『世界の解剖』、『周年の詩』等。

ジョン・ダンは、ルネサンスの時代を生き抜いた英国の詩人である。キリスト教の信仰に生き、その深淵を謳った多くの詩を残した。自分の生きた時代を覆っていた信仰の揺らぎに対して、深い危機感を抱いていた。ヒューマニズムの抬頭である。それが人間社会に及ぼす危険について、早くから警鐘を鳴らしていたひとりと言っていいだろう。特に、人間の死の問題について危惧を募《つの》らせていた。中世を通して、人間の死は神の領域だったのだ。

神の懐に抱かれ、永遠の生《せい》を授けることだけに人間の死の意味があった。それ以外の死は、人間の死ではなかった。人間の死は、朽ち果てていくだけの動物の死とは違うのだ。人間の死は、生の本質的な希望でもあった。我々の生を支えている宇宙的実存だったのだ。それが、ヒューマニズムの思想によって薄れて来た。人間が自分たちの生を、自分たちで支配するように成って来たと言ったらいいだろう。神から徐々に離れ、人間は自分たちの生を自らの考えで行なうように成って来たのだ。

生が人間の手に移れば、死もまた神から離れざるを得ない。その危惧が、右の言葉となったのである。人間の死が、すでに死んでしまった。永遠に繋がることなく、ただ朽ち果てていくことになった。ダンの嘆きは深い。ダンの憂いが、今の私の魂にまで届いて来る。そして、私もまたその憂いをダンと共にしているのだ。現代の死は、人間の死ではない。それは、動物の死と何ら変わるところがない。我々の死は、朽ち果てることへの恐怖となってしまった。崇高な死は、死んだ。

no.135

私は、火を地上に投じるために来たのだ。

『新約聖書』
ルカ福音書第12章49節より

福音記者ルカ　ルカ福音書

新約聖書四福音書の一つ。マタイ、マルコ福音書とともに共観福音書と呼ばれる。イエスの生誕や復活の記録などが収録されており、マタイ福音書に類似している。新約聖書中もっとも文学性に優れた福音書として名高い。

イエス・キリストがこう言ったと、福音記者ルカは伝えている。この言葉に続いて、「火がすでに燃えていたならと、私はどんなに願っていることか」という件《くだり》が来る。この言葉は、私がキリスト教の本質を、自分なりに摑んだと思った思想なのだ。キリストがこの地上にもたらしたものは、火である。それが、人間として生きる者にとって、最も大切なものだと言っているのだ。私はこの火を、人間の生命燃焼と捉え、また愛の本質である苦悩を意味していると確信している。

人間の生命は、燃え尽きることにその存在理由がある。魂の燃焼を軸心に据えた、人間燃焼である。我々は燃えるために生まれて来た。人間のもつ宇宙的使命に向かって、燃え尽きるために生きているのだ。人間の人間たるいわれは、その情熱に存する。それが人間の実存というものだろう。私は運命に対する体当たりの中に、この実存を感じて来た。体当たりから生じる火炎の中に、生命の本質を感じるのだ。

その火炎から愛が生まれ出づる。愛は火の中から生まれるのだ。その愛の炎は、我々の魂に限りない苦悩をもたらすだろう。その苦悩を戦い抜くことが、自己の本当の生《いのち》を生み出す。愛の苦悩の中を、突進することに人生の意義があるに違いない。愛は、我々の運命を滾《たぎ》らせる何ものかである。愛の炎に焼け焦がされることに、我々の宇宙的使命が存するのだ。そこにこそ、我々の人間燃焼の本質がある。我々人類は、果たしてそう生きることが出来るか。キリストの問いは、永遠の十字架を突き付けている。

no.136

私を殺すものが、私を強化しているのである。

Ce qui me tue me conforte.

『人類再生』より

ミシェル・セール（1930-2019）

フランスの哲学者。もと海軍将校、のち大学教授。数学、物理のみならず人類学、宗教史、文学等の幅広い領域に亘る独自の哲学を打ち立てる。フランス思想界で重要な役割を果たした。代表作に『人類再生』、『世界戦争』等がある。

これは、人間の未来を思考するフランスの哲学者ミシェル・セールの根本思想の一つである。我々ホモ・サピエンスの本質と言ってもいいだろう。セールは人間の未来について、この根源的思想から始めているのだ。この根本を抱き締めている限り、我々の未来は明るい。しかしこの根本を忘れたとき、我々は滅びる。我々の肉体は、異物と戦う免疫と不断の鍛練によって生きている。そして我々の精神は、絶えざる苦悩と悲痛の先に存する希望によって支えられているのだ。

優しいもの、自己を癒してくれるものはみな、私の存在を弱体化せしめている。我々のもつエネルギーは、他者の理解を得たとき消滅する。生命とは、重圧によって生かされているのだ。我々の肉体は重力によって整えられる。我々の精神は、死の恐怖を撥ね返す勇気によって立ち上がっている。我々の生命活動を司る酸素は、また我々をその酸化作用によって殺し続けているのだ。我々は自己の敵によって、生かされているのである。その真実が、我々の出発とならなければならない。

現代のヒューマニズムが、我々人類を滅ぼそうとしている。人間の「幸福」が、人間を滅ぼすのである。「人権」が精神を蝕み、「保償」の思想が人生を奪っている。現代ほど、私は自己の武士道に恩義を見出すことはない。『葉隠』が、私の肉体と精神を鍛えてくれた。それは、私を殺す思想だった。その殺す思想に、私は自己の未来を見出していたのだ。私の中で、人類の「原始」が蠢《うごめ》いていたに違いない。私はホモ・サピエンスのもつ原始の力によって、自分の運命が立ち上がったことを実感している。

no.137

生は未完の死である。

『愛の無常について』より

亀井勝一郎(1907-1966)

文芸評論家。青年期にマルクス主義に傾倒し、労働運動に参加。のちに文芸評論家として再出発。『日本浪漫派』を創刊。日本の伝統の中に自己と民族の再生の道を求めた。古典、仏教美術への関心も高かった。『大和古寺風物誌』、『日本人の精神史研究』等。

生きるとは、死ぬことである。私はそう思って生きて来た。私の運命が、私にそのような思想を与えていたと思っている。私は度重なる死の危険を、体当たりの突進によって切り抜けて来たのだ。いま思い返しても、随分と変わった運命だったように思う。しかし、私はその運命をことのほかに愛している。それはこの運命が、私に「葉隠」への恩と「神秘」への愛を育んでくれたからに他ならない。この二つの柱は、私に生の限りない喜びを感じさせてくれたのだ。

我々は、死に向かって生きている存在だ。そう、あのハイデッガーも言っていたと記憶する。時々刻々として、我々は自分の死を積み重ねているのだ。それを知ることが、どのくらい大切なことかを感じながら生きて来た。この考え方が、私の中に愛の本質を打ち込んでくれたと思っている。愛は、死と隣り合わせのものである。死と重ならない愛は、本当の愛ではない。死があるから、我々の生《いのち》は愛を求めて呻吟するのだ。死があるから、我々は生きる喜びを味わえるのだ。

私は長く、亀井勝一郎の著作を愛して来た。それは、亀井が死にながら生きていた人物だからだろう。亀井は死にながら、真実の愛を見据え続けた。その透徹した眼差しは、神秘をさえ湛えていた。純粋に思考する力を、私は亀井の思想に見ていた。この不合理の世を貫く、その清純の力に私は魅了されていたのだ。そしてその力の根源が、死にながら生きる姿勢の中にあったことを知った。私はそこに、自分の本当の友を見出した。死にながら生きる男の涙を、私は右の言葉の中に見ているのだ。

no.138

マゼランの冒険に、助言できるものはだれ一人いなかった。

Niemand kann Magellan bei seinem Unterfangen beraten.

『マゼラン』より

シュテファン・ツヴァイク（1881-1942）

オーストリアの小説家。新ロマン主義文学に傾倒したのち文壇デビュー。第一次大戦中は、ロマン・ロラン等の当時の著名人と親交を結びながら反戦活動に参加。叙情詩、戯曲、小説等、多岐に亘り執筆し、なかでも伝記小説は世界中の人々から愛された。『人類の星の時間』、『ジョセフ・フーシェ』等。

マゼランは、私に英雄の運命を教えてくれた。英雄のもつ独立不羈《どくりつふき》の精神と、前人未踏に挑む勇気の根源を垣間見せてくれたのだ。そして何よりも、英雄のもつ悲哀の魂が、いまを生きる私にまで伝わって来たのである。それは、大文学者たるツヴァイクの筆の力に与《あずか》るところもあったに違いない。しかしその力の多くは、マゼラン自身が帯びる騎士道が生み出した力だと思っている。この本によって、私は「血湧き肉躍る」という言葉のもつ真の意味を知ったことをいまでも覚えている。

マゼランの冒険とは、不可能に挑戦することであった。当時、世界一周の航海に成功したということは、今日、我々が水星に移住することよりも困難なことだったのだ。それをマゼランは成し遂げた。前人未踏に挑むことの本質を、私は自己に引き寄せることが出来たように思った。前人未踏の不可能というものが、いかなるものかを感じたのである。それは、限りない孤独の中にあった。孤高の中に屹立《きつりつ》する魂である。しかしその魂は、世界を併呑《へいどん》するほどに、そそり立っていたのだ。

マゼランの本質を表わす言葉が、右に掲げた一文となるだろう。この言葉は、私の人生の強力な伴侶となってくれた。私が自己の武士道を貫くことが出来たのは、この言葉に負うところが大きい。私の独立自尊は、この言葉によって支えられた。この世の不合理と、その神秘に突入する覚悟がマゼランの助けによって成された。私の標榜する「ただ独りで生き、ただ独りで死ぬ」という思想は、その淵源をマゼランの冒険に持っている。だから、私はただ独りで立たなければならないのだ。

no.139

最初の死のあとに、ほかの死はない。

After the first death, there is no other.

『ディラン・トマス全詩集』「死と入口」より

ディラン・トーマス（1914-1953）

イギリスの詩人。人間の実存を独自の表現で歌い上げ天才の名を欲しいままにする。生、死、性の根源を真正面から追求、次第に自然の中に神を見出す傾向を強めていった。若くしてアルコール中毒で死去。代表作に『25編の詩』、『死と入口』等がある。

ディラン・トーマスは、第二次世界大戦前に活躍した英国の詩人である。私はT・S・エリオットと並び、このトーマスに「生と死」そして「現在と過去」の時間感覚を学んだ。右に挙げた言葉は、ロンドン空襲で死んだ子供の死を悼むことをあえて拒んだ詩の最後の一行となる。「最初の死」とは、キリストの死に掛けたものと思われる。自分自身が死んで永遠の生を得たあとでなければ、子供の死を本当に悼むことは出来ないのではないかという気持を表わしている。人間の死に対する謙虚を、私はここに感ずるのだ。

私は、この詩句に初めて出会ったときのことをいつも思い出す。そのとき、私はこの「最初の死」というものを、自己の死と感じたのである。私は自己の死を、未来から突き付けられたことを覚えている。自分が死ねば、もう他者の死を偲ぶことは出来ないのだ。この発想の転換は、私にひとつの革命をもたらした。死を考えることが出来ること自体が、生きている証しである。死が「有る」ということは、生きている現在が「有る」ことに繋がっている。

つまり、死を考えて生きていない者には、現在はないのだ。現在とは、過去の多くの死を悼むために存在している。そう考えるのが、我々人類の時間感覚だったに違いない。我々はいま、死を忘れた生活をしている。現代に生きる我々は、本当の生を送っていないのだ。我々は、すでに現在という時間を失って久しい。現在は、死がなければ成立しないのだ。現代人は、いま生きていないのだろう。だから死が無くなった。我々人間は、自分が生きていれば、多くの死と共にいなければならないのだ。

no.140

固定点―中心―の発見や投影は世界の創造に等しい。

The discovery or projection of a fixed point—the center— is equivalent to the creation of the world.

「公開講義録」
（1970年シカゴ、ロヨラ大学にて）より

ミルチア・エリアーデ（1907-1986）

ルーマニアの宗教学者・文学者。大学卒業後、イタリア、インドに留学。哲学と宗教を学んだのち大学の助教授をしながら作家として活動。第二次大戦中は外交官として各地をまわりながら研究生活を送った。膨大な学術書、論文等を残し、特に宗教研究の分野で著しい業績を残した。『永遠回帰の神話』、『イメージとシンボル』等。

私は『葉隠』の武士道だけを信じて生きて来た。それ以外のものは、すべて拒絶したと言っても過言ではない。葉隠の生き方とその死に方を貫徹するために、他のすべてを経験し学んで来たのだ。だから私の経験はすべて、葉隠の思想にしか辿り着かない。私の知識はすべて、葉隠の思想を地上に実現するための方便に過ぎない。つまり私は、良くも悪くも、自己の中心点だけが定まっている人間なのだ。私の欠点はすべてがそこに由来し、また長所のすべてもそこから発生している。

葉隠のために、最も役立ったものの一つに宗教がある。その他には科学と芸術だろう。その宗教の研究の多くを、私はこのエリアーデに負っている。その『世界宗教史』は、私の座右を離れたことがない。道元とマルチン・ブーバーの横に、いつでもエリアーデはいた。右の言葉を知ったときは、大学生だった。私はこの言葉によって、自己の生き方が立ったように思う。現代の中で、すべての人から蔑まれた生き方をした者を、よしとする人物がいたのだ。私の青春は燃え上がった。

自己の中で、世界が創造されない限り、生命の真の燃焼はない。人間は、世界の中を生きているのではないのだ。我々は、自己の人生を生きている。つまり、自己に与えられた運命を生きているのである。一人ひとりに与えられた運命は、それぞれにひとつの宇宙的使命を持っている。それを発動させることだけが、人生の目的なのだ。そのためには、絶対に動かぬ自己の中心軸を持たなければならない。自己が立てば、真の世界が構築されて来る。偏見と偏《かたよ》りが、真の希望を生み出すのだ。

no.141

わたしの「情熱」は、その日から始まった。

『初恋』より

イヴァン・ツルゲーネフ（1818-1883）

ロシアの小説家・劇作家。貴族の家に生まれ、青年期に多くの若い進歩的知識人と交流。当時のロシアの思想的傾向と諸々の問題を反映した作品を多く発表した。代表作に『猟人日記』、『父と子』等がある。

ツルゲーネフは、いつの日も私と共に歩んでくれた作家のひとりだった。その悲哀は、崩れゆく武士道に身を捧げていた私を慰めてくれた。滅び去るものの中に、自己を打ち立てようとするとき、ツルゲーネフのもつ悲哀は魂に響き渡る。その文学の中に、私は運命の躍動を見ていた。そして運命の悲劇性を感じていたのだ。運命を受け止めるその勇気に、私は自己の人生を重ねていた。最晩年の『煙』の中に「偶然が、全能の力をもつ」という言葉を見たとき、私はこの作家の真の勇気を感じたのだ。

右に挙げた言葉に、私は自己の初恋とその情熱を感じていた。この言葉に続いて、「わたしの悩みもその日から始まった」と語られる。初恋の苦悩を経験した者にとって、この件《くだり》は忘れることが出来ないのだ。青春の情熱は、堪《こら》えることの出来ぬ苦悩をもたらした。その情熱と苦悩だけが、私の思春期を形成したのかもしれない。それに耐えるために、私は死ぬほどの読書と吶喊《とっかん》を繰り返した。そして敗北を噛み締めるだけの日々を送った。その苦悩が、私に一つの思想を確立せしめた。

それが、初心ということである。死ぬほどの情熱が、忘れ得ぬ初心を己れの魂に打ち込んでくれる。初心だけが、人生にあらゆる思想を打ち立てる力をもつ。初心をどう摑むか。そして、その初心をどう貫くか。そこに、自己固有の人生が隠されているのではないか。私は無限の体当たりを通じてそれを得たように思っている。私は自己の初恋を経て、初心という情熱を持ち続けることが出来るようになった。七十二歳の今でも、十七歳の初恋を鮮やかに思い出すことが出来るのだ。青春が続いていく。

no.142

一度も葬られなかったものが、どうして復活できようか。

Wie kann auferstehn, was nie begraben ward ?

『ルーマニア日記』より

ハンス・カロッサ（1878-1956）
ドイツの詩人・小説家。大学で医学を学び、医者として働きながら執筆活動を続ける。第一次大戦時には軍医として従軍。内省的かつ自伝的な作品を数多く発表した。代表作に『幼年時代』、『美しき惑いの年』等がある。

ハンス・カロッサのもつ夢に、私の魂は震えていた。それは苦悩と絶望が生み出す、真の人類的希望のように思えたのだ。人生に体当たりするその姿勢に、私は自己の生き方を重ね合わせていた。『美しき惑いの年』や『詩集』は、私が青春を生き切るためには絶対に必要な書物だった。つまり、命の恩人ともなっている文学なのだ。カロッサに思いを馳せるとき、私はいつでも自己の青春に戻ることが出来るのだ。人生とは、青春に戻ることの積み上げなのではないか。

生きることとは、死ぬことである。私はそう思って、今日までを生きて来た。それが私の武士道だった。死ぬことを経験せずして、どうして生きることが出来るのか。ただ漫然と生きることは、私には全く分からなかった。私は、死の経験によって生きることを学んだのだ。右の言葉は、そのような私の思想に寄り添ってくれた思想である。生きることは、生まれて来たことではない。死んで、復活することなのだ。復活した生こそが、本当の生を司る。それが私の実感と言えよう。

復活の思想に支えられたキリスト教が、私の肌にことのほか合うのもその理由に与るのだろう。死ぬ経験のない者は、生の燃焼もない。生の体当たりは、必ず死の淵に人間を堕とし入れるのだ。この世に殺された者だけが、真の人生を手に入れることが出来る。殺された生が、正しい人間の生である。その生をひっさげて、我々は復活をするのだ。そしてキリストのように、永遠の生を手に入れなければならない。朽ち果てる生にしがみ付く者に、真の人間燃焼はない。永遠の先に、真の現世がある。

no.143

人生とは、自分が知っているもののことだ。

A vida é para nós o que concebemos nela.

『不穏の書』より

フェルナンド・ペソア（1888-1935）

ポルトガルの詩人・作家。一時期リスボン大学で学ぶ。貿易会社で働きながら執筆を続けた。のち詩誌『オルフェウ』の創刊に参加し、ポルトガルにおけるモダニズム運動を推進した。生前はほぼ無名であったが、膨大な遺稿が死後に高い評価を得るようになった。『不穏の書』、『不安の書』等。

ペソアは、それ自身が宇宙的実在である。ペソアの中に、人生の深淵が口を開いている。そして何よりも、宇宙の呼吸が鳴動しているのだ。その独特の「郷愁《サウダーデ》」の中には、未来が咆哮している。ペソアの郷愁は、過去を懐かしむそれではない。それは、まだ見えぬ何ものかを求める、魂の呻吟である。決して到達できないものを求める、真の希望とも言えるだろう。それがペソアの魂の中に、美しい郷愁を創り上げている。そこから来る悲哀の慟哭に、我々のもつ生が共振するのだ。

右の言葉は、そのペソアの信念と私が考える思想である。そしてそれは、私自身の信念でもあるのだ。人生とは、自分自身である。それ以上でも以下でもない。自分自身が、自己の生を創っているのだ。だからこそ、我々は美しいものを見なければならない。崇高なことを目指さなければならないのだ。人類の生み出した偉大な精神に触れなければならない。我々が為していることが、我々の人生を創っているのだ。我々の人生は、自分が知っている世界から出ることはない。

だからこそ、その世界を崇高なものとしなければならない。崇高なものは、人類が築き上げた「精神」の中に存する。そしてその精神は、宇宙の実在をこの地上に実現しようとした祖先たちの魂の集積とも言えよう。自分が知っているものが何なのか。人生はそれを問われ続けるのである。自己固有の生《せい》を築くのだ。人間の魂の中には、宇宙が存在している。真の我々の魂の中に、その崇高の種はすでに存在しているのだ。それと直面することだけが、真の人生を築き上げる。体当たりの人生によって、それは紡ぎ出されるだろう。

no.144

情けないことをしやがって！

Malédiction !

『マテオ・ファルコーネ』より

プロスペル・メーリメ（1803-1870）

フランスの作家。法学を学び、官史、史跡監督官となるが傍らで作品を発表し成功を収める。異国情緒と歴史性にあふれるロマンチックな作品を古典的な端正さで描いた。代表作に『マテオ・ファルコーネ』、『カルメン』等、またツルゲーネフやプーシキンの仏語翻訳家としても知られる。

この短編小説は、芥川龍之介の『蜘蛛の糸』と並んで、私の人生に決して消えぬ刻印を捺した。それは、この主人公マテオの人生が、武士道の極点を示していたからに他ならない。到達不能の崇高性を私は感じたのである。いかなる悲哀が、またいかなる絶望が、これほどの凄絶な人生を可能としたのか。コルシカ島の実話に取材したこの文学に、私の葉隠精神は打ちひしがれたのだ。ただ一度の卑怯な裏切り行為をもって、命よりも大切な息子を殺した父親の物語が綴られていた。

この宇宙的真実は、私の武士道の前に突き立てられた剣である。真の人類がもつ、最大の崇高性を私はここに感じているのだ。この生の実存の前に立てば、自己の何と卑小なことか。情けないことを嫌う精神が、人間の魂を築き上げて来た。その精華が大宗教であり、また騎士道と武士道を生み出したと思っている。そして、私はその武士道に自己の人生と命を捧げているのだ。しかし、その道は果てしなく険しいものだった。到達不能の憧れが、遠く煌いていた。

武士道とは、実は簡単なことなのかもしれない。それは、情けないことを拒絶する精神によって成り立つ。しかし、その簡単なことに、何と果てしない道程《みちのり》があるのか。マテオと比べ、この私は何と卑小な魂か。情けないことを嫌う生き方の真髄を、私は小学校五年のときに知ったのだ。それが出来るか、出来ないかは私自身に向けられた剣である。どうなるか分からぬが、私は心の底からこのマテオ・ファルコーネを尊敬しているのだ。マテオの言葉は、私の心に毎日突き刺さって来る。

no.145

上手《じょうず》に思ひ出す事は非常に難しい。

『無常といふ事』より

小林秀雄（1902-1983）

東京帝国大学仏文科卒。評論家。自意識と存在の問題を軸にして、フランス象徴派を基盤とした文学批評を開始。日本における近代批評を確立した。代表作に『モオツァルト』、『本居宣長』等がある。

人生とは、思い出の集積に他ならない。だから、その思い出の質がいまの自分を創り上げていることになる。いまの自分は、過去の記憶が作り上げた自分なのだ。それも、自分の記憶した通りに創り上げられている。その記憶が美しい人には、美しいいまがある。その記憶が薄汚れている者には、汚らしいいまがあるのだ。すべては、自己の思い出の質にかかっている。このことによって、自己の人生に良い記憶を残すことが、いかに大切かが分かるだろう。

小林秀雄は、その思い出の正しい創り方を言っているのだ。過去に起こった、人生上の「事実」そのものの見方を言っている。事実は、善でも悪でもない。すべての事象には裏と表があるのだ。その見方を身に付けるには、信念とそれに基づく勇気が必要となる。良い現在を得るためには、良い過去を思い出さなければならない。事実として現存した、過去を良い面から見直すのだ。その心の作用に勇気がいるということを、小林は言っているに違いない。

自分が、ひと筋の生き方を選択することによって、それが可能となる。ひと筋の生き方とは、自己の人生を捧げ尽くす対象を決めるということに尽きる。その覚悟が出来れば、人は過去の事実の中に良い面を見ることが出来るようになるのだ。自己の人生を、他者や人類の未来に捧げる覚悟が決まれば、過ぎ去った過去の事実はすべて美しいものに変容して来る。愛の力が、それを成すのである。愛なくして、美しい思い出を見出すことは出来ない。自己の生き方がその愛を生み出せば、すべてが美しくなる。

no.146

海と私、ほかには誰ひとりいない
――そんな気がする。

『手帖』より

アントン・チェーホフ（1860-1904）

ロシアの小説家・劇作家。モスクワ大学医学部で学びながら、家計を助けるために、ユーモア雑誌や新聞に短篇などを発表。四大戯曲『かもめ』、『ワーニャ伯父さん』、『三人姉妹』、『桜の園』はロシア演劇史上不滅の名作とされる。

チェーホフの演劇が湛える哀愁を、私はずっと愛し続けて来た。その劇には、「巨大な孤独」とも呼ぶべきものが横たわっているのだ。ロシア的な、ゆったりとした寂しさとでも言ったらいいだろう。その高く悲しい高貴性が、劇中に展開される下世話なものを昇華していた。巨大な孤独性が、その文学を貫く生命的リアリズムを際立たせているに違いない。チェーホフの生命は、日常と非日常を同時に呑み込んでしまう。その神秘がもつ孤高の激しさに、私は打たれ続けた。

チェーホフは「何ものか」と対峙し続けていたのだろう。多分、それは人間の生命がもつ暗黒のような深淵だったのではないだろうか。私はそう考えていた。そしてその『手帖』を読んでいたとき、この言葉に出会ったのである。私は、長年考え続けていたチェーホフの神秘を垣間見たように感じたのだ。生命の神秘と、唯一人で対面する男の姿がそこにはあった。この断章の中に、チェーホフの魂の淵源を私は見出したのだ。真の孤独を表わす、歴史的な恩寵がここにはある。

私は孤独の中を生き抜いて来た。私の武士道が、それを命じていたのだ。人間の魂がもつ宇宙的使命のことだけを考えていた。だから、神と自己の関係性を重んじていたと思っている。マルチン・ブーバーの言う「我と汝」こそが、私の人生そのものだった。そこに、このチェーホフの大思想が付け加わったのだ。それは激しく生命的な孤独だった。広く深い孤独と、熱く柔らかい孤独を私にもたらしてくれたのだ。ユーラシアの荒涼が、私の魂の奥深くへ固着していくのを感じていた。

no.147

しかし生きるものはすべて、恐ろしいものである。

Mais tout ce qui vit est terrible.

『戦争論』より

ロジェ・カイヨワ（1913-1978）

フランスの文芸批評家・社会学者・哲学者。バタイユやレリスとともに社会学研究会を設立。社会学的な視点から遊びと聖性を研究、先鋭的な批評活動を展開。また、文学や社会学のみならず昆虫学や物理学など、多岐にわたる分野において考察を行なった。『人間と聖なるもの』、『遊びと人間』等。

生きるということは、恐ろしいことなのである。ひとつの生命が生まれ、そして死ぬまでには、恐ろしい深淵が口を開いて待っている。生きるとは、それそのものが前人未踏の冒険なのだ。それは戦いであり、革命でもあるだろう。生きるものはすべて、その真っ只中を生き抜くのだ。だから、その生きるものもまた恐ろしいものと成っている。魔を制するものもまた、魔ということになるだろう。我々はそれを忘れてはならない。それを忘れるとき、人間は人間であることを捨てることになる。

生の哲学者カイヨワは、この生命の本質をその『戦争論』において述べた。自己の思想の核心に、あの第三帝国のヨゼフ・ゲッペルスの言葉を引用した。右の言葉がそれである。ここに私はカイヨワの持つ戦争観の本質を見ているのだ。人間は戦争を恐ろしいものだとしている。そして、人間の悪の根源を戦争の歴史に与えている。そこに、戦争の捉え方の間違いがある。人間の悪の逃げ道に、戦争は使われているのだ。戦争などは関係ない。人間とは、恐ろしいものなのだ。

その真実は、却って表面的な綺麗事を捨てたナチス・ドイツの宣伝相によって語られたのである。人間の持つ本当の恐ろしさを思考するとき、戦争などは児戯に等しいものとなるだろう。戦争の中に人間悪を押し込めてしまう人類の歴史は、本質的な人類の終末をもたらす危険がある。本当の恐ろしさは、正しさの中にあるのだ。本当の恐ろしさは、幸福の中にあるのだ。本当の恐ろしさは、綺麗事の中にあるのだ。我々は人類の持つ恐ろしさを、もう一度考え直さなければならない。

no.148

美とは、それゆえ、現象における自由に他ならない。

Schönheit also ist nichts anders als Freiheit in der Erscheinung.

『美と芸術の理論』より

フリードリッヒ・シラー（1759-1805）

ドイツの劇作家・詩人。軍人学校で法律や医学を学んだのち、劇作家として執筆活動に励む。戯曲『群盗』で成功後、各地を転々としつつ、戯曲、思想詩、歴史評論などを次々と発表。終生、交友を持っていたゲーテとの友情は有名。『ウィルヘルム・テル』、『たくらみと恋』等。

人間にとって、最も大切なものは何か。その答えはやはり、自由を措いて他にはないだろう。その自由を語るとき、我々はどうしてもシラーを忘れることは出来ないのだ。我々がいま享受している近代的自由は、シラーによって初めて謳われたのである。人類は、自由の概念をシラーによって芸術と化したのだ。あのベートーヴェンは、シラーの思想に触発されて偉大な「第九交響曲」を作曲した。シラーの戯曲『ウィルヘルム・テル』は、長く人類の自由の象徴であり続けるだろう。

そして右の言葉は、そのシラーが語った自由の本質の最も根源的なものの一つなのだ。真の自由が、我々人類のもつ美しさの根本を創っている。自由とは、政治的な人権などという安っぽいものではない。自由は、人間のもつ美しさを支えている。自由は、人間存在のすべてに美をもたらすことが出来る。自由がなければ、人間の存在はその醜悪さに覆い尽くされるだろう。人間はその生命の自由によって、自己の醜悪と戦い続けて来たのだ。人間の魂の尊厳のために、我々の祖先はその命を捧げた。

人間の美しさの根源は、自由のための戦いにある。人間としての在り方を模索する苦悩の中に、人間の自由は響き渡る。苦悩なき自由は、放縦に流れて終わるのだ。魂の呻吟が、人間の本当の自由を摑み取るだろう。苦悩する魂の中に、人間は自己存在の美しさを見出して来た。それは人類の偉大な歴史が証明するものと成っている。そして人間はその外面すら、努力し苦悩する者の姿に真の自由とその美しさを見て来たのである。

no.149

古《いにしえ》を裂き、今を破る。

裂古破今。

『語録』より

大川普済《だいせんふさい》(1179-1253)

南宋の臨済宗大慧派の禅僧。弟子の慧明首座と共に『景徳伝灯録』の「五灯録」を整理し、『五灯会元』という総合的な禅宗通史を編んだことで知られる。

若き日に、私は人類の未来を憂い、死ぬほどに苦しんだ時期があった。今のこの人類に、本当に未来は訪れて来るのだろうか。コンラート・ローレンツの研究と相まって、私の苦悩は深刻だった。自己の崩壊が食い止められた原因は、ただに母親から受けた慈愛の思い出だけしかなかった。神を失った我々は、もう己れの欲望に歯止めをかける「思考」そのものを失ってしまったのだ。自らを神となした人間は、神々の黄昏《たそがれ》に向かっているに違いない。

そのようなとき、私はこの言葉と出会ったのだ。乾き切った土が水を吸うように、私の魂の奥底にこの思想は響いたのである。私の中で、歴史の不合理が蠢《うごめ》き出した。現実社会の矛盾が、一挙に噴き上がったのだ。歴史を殴打し、現代に斬撃を喰らわす衝動に私は駆られた。つまり、私は人間に生まれた不幸を、この言葉によって味わわされたのだ。その不幸が、私に未来を突き抜ける力を与えてくれた。人類の不幸を噛み締めるとき、人は真の未来を志向することが出来るのだ。

古を慕い、今を愛するなら、人類に未来はない。人類は、自らを愛することによって滅びるだろう。私はその真実を、この思想によって得たと思っている。古は斬り裂かねばならぬ。今はぶち壊す対象なのだ。その逆説が真の未来を生み出すように思える。私は満足が、自己の未来を潰すという真理を、この言葉によって得た。私の悩みは、恵まれた人間の悩みだったのだ。人類の滅亡は、この幸福によって起こるだろう。人間として生きようとすれば、我々は歴史を許してはならない。今を認めてはならない。

no.150

偉大にして最後なる戦いが、人間の魂を待ち受けている。

『エネアデス』より

プロティノス（205頃-270）

ローマで活躍したギリシアの哲学者。新プラトン主義の創始者。プラトンのイデア論を継承しつつ、二元論を克服し、「一なるもの」を神とし、この存在と人間は一体化して根源へ帰還できるとした。この思想は中世スコラ哲学に大きな影響を与えた。『エネアデス』等。

　プロティノスは、紀元三世紀のローマを生きた、古代ギリシア哲学の最後を飾る哲学者である。哲学史では、新プラトン主義を拓いた人物と言われている。私はギリシア哲学においてプラトンと並んでこのプロティノスを深く愛して来たのだ。その理由は、プロティノスがプラトンの霊魂の理論を地上的に展開発展させたからである。私はプラトンのイデア論を、プロティノスによって理解することが出来たのだ。私はプロティノスの理論に、宇宙の根源的実在の把握を見ていると言えるだろう。

　プラトンの二元論は、プロティノスに至って根源的な「一者」という実在を持った。一者から流出する「根源的知力」が、宇宙を形成していると説かれている。その流出は、無限核融合のごとくに、宇宙に充満していくのだ。そして、それは人間の魂を形成して、その循環を締め括っている。私はその壮大な魂の物語に、血湧き肉躍るのである。我々の魂の故郷である「一者」の存在に、私は限りない憧れを抱くのだ。到達不能の憧れとして、私はプロティノスの「一者」を思い浮かべている。

　人間の魂の崇高が、プロティノスの哲学を築いている。プロティノスは、自身の崇高な魂の故郷を求め続けているのだ。そして右の言葉となった。これは人間の魂を支えているものが、勇気とそこから流れ出る美学であることを示しているのだ。後に騎士道を生む思想と言えるだろう。戦いと死の覚悟だけが、真の人間の魂の崇高を支えることが出来る。私はこのプロティノスの哲学に、葉隠の武士道と全く同じものを感ずる。自己の魂に崇高の存在を願う者は、この宇宙における最後の魂の戦いを戦い抜く覚悟が必要なのだ。

no.151

人間が死ぬことのできない世界は、生きることもできない。

『田村隆一詩集』「路上の鳩」より

田村隆一（1923-1998）

詩人。学徒出陣で、水兵として入隊し、海軍少尉となる。終戦後、鮎川信夫、北村太郎らと『荒地』を創刊。自身の体験に裏付けられた文明批評を展開した。推理小説の翻訳でも有名。代表作に『ハミングバード』、『四千の日と夜』等がある。

人間存在の中心は死である。生は死のためにのみある。死によって、人間の生の価値は決まるのだ。その死が、いま失われてしまった。人間としての死が、この世から無くなってしまった。現代の文明を特徴づける生の礼讃が、死の存在を圧殺してしまった。死は我々の生活から消え失せ、死者たちはもう顧みられることもない。いまの世は、生きている者だけの世の中となった。死は、暗く深い深淵に沈められてしまったのだ。死の尊厳が、人間から奪い去られたのである。

現代を生きる我々にとって、死が暗く悪いものとされてからもう久しい。崇高な死に向かって生きることは、危険な思想とさえなってしまった。動物の肉体を、一日でも長く健やかに保つことだけに価値が置かれている。その肉体よりも大切なものがあることは、誰も思い出さない。医療と法律による死が、我々を待っている死だ。それは人間の死ではない。それは生物の死、棲息物の死に過ぎない。我々は、そのような時代を生きているのだ。

詩人は、それを悲しみ嘆いている。尊厳に満ちた崇高な死が待っていない人生など、生きるに値しないのだ。人間の死を死に切ることの出来ない世は、本当の生《せい》を生きることもまた出来ない。詩人は他の詩においても、「地上には我々の墓がない」と語っていた。我々の時代は、このような孤独を「生きようとする意志」に対して与えているのだ。棲息する者に都合の良い世の中は、真の人間の生にとっては地獄とも言えよう。自分の死を見詰めて生きることの出来る世の中を、この詩人は祈り続けている。

no.152

人間は、自らが創ったものになる。

L'homme sera tel qu'il se sera fait.

『実存主義とは何か』より

ジャン＝ポール・サルトル（1905-1980）

フランスの哲学者・文学者。実存主義哲学を代表する人物として知られる。ドイツに留学しフッサールやハイデッガーの哲学を学び、自身の思想を構築。抵抗運動でその思想を実践。マルクス主義哲学を批判しながらも、のちに左派陣営を支持。自身も積極的に政治活動へ参加した。『存在と無』、『嘔吐』等。

サルトルの誇りが、この言葉を創った。人間ひとりの魂の力が、いかに巨大なものと成り得るかという問いである。ひとりの人間の力が、人類の未来を創り得る。私はそのような壮大な意志を感じているのだ。そして自分個人の魂の力が、全人類の意志の力と均衡を保ち得ると信じている。人類が成し遂げたものが自己であり、これからの人類が成し遂げるであろうものが自分自身の未来でもある。私はサルトルの矜持を感ずる。実存主義の現象学的還元の真の力を、私はここに見出しているのだ。

サルトルは自己の魂の延長線上に、我々人類の未来を見ていると言えよう。それは過酷なものとなるかもしれない。そして、それは測り知れない破滅を導き出すかもしれないのだ。しかし、このサルトルの言葉には悲観がない。それはサルトルが、自己の責任において、人類の未来を語っているからに違いない。人類が滅びるなら、自己も滅びるつもりでいるのだ。そして人類が、より良く発展するなら、多分、自分も道を切り拓けるだろう。

サルトルの予言には、いつでも颯爽とした男らしさを私は感ずる。だから、この予言は限りない魅力を放つのである。この予言は、私の武士道と激しく共振するものとなった。自己と人類、そして人類と自己の相関関係を私は把握したように思う。自分の命を、人類の未来に懸ける気概が生まれたのだ。そして人類の未来が、私の魂に還元する衝撃を私は噛み締めていた。このサルトルの思想の力によって、私は人類の未来と自己の未来を相似象の中に捉えることが出来た。

no.153

悲哀の中に聖地がある。

Where there is sorrow there is holy ground.

『獄中記』より

オスカー・ワイルド（1854-1900）
イギリスの詩人・小説家・劇作家。大学卒業後、耽美的な生活を実践し社交界の寵児となる。詩や批評など多岐にわたる執筆活動で名声を得たが、男色事件により入獄。その作品は20世紀の文学に大きな影響を与えた。代表作に『ドリアン・グレーの肖像』、『サロメ』等がある。

人生において、最も大切なものは何だろうか。これは、すべての人間の生に突き付けられた命題と言ってもいいのではないか。私も人間のひとりとして、この問題では死ぬほどの苦痛を舐めて来たのだ。それは大袈裟ではなく、私の青春などは特にそのために死ぬ思いを何度も経験した。そして、自分なりに摑んだ答えが一つだけある。それが「聖地」である。自分の魂の中に、自分だけの聖地をいつでも持っていること。これ以上に大切なことが、我々の命にとってあるだろうか。

聖地さえあれば、我々は自己の生命を燃焼させることが出来る。心の聖地から放射される、我々自身の覚悟が、それを可能とするのだ。我々は、愛を直接に認識することは出来ない。愛は、我々人間ひとりの魂にとっては、その存在があまりにも大き過ぎるのだ。しかし、我々の中に聖地があれば、愛は我々の魂の射程に近づいて来る。その聖地を創ることが、人生の修行となるのだろう。私の聖地は『葉隠』である。それ以外のものは何もない。私の人生は、葉隠の派生だけによって成り立っている。

オスカー・ワイルドは、その聖地が悲哀から生まれるのだと言っている。私もその通りだと思う。幸福や喜びが、私に聖地をもたらしたことはない。悲しみが、そして不幸が私の中に聖地を屹立《きつりつ》させたのである。私の座右にある『葉隠』が、私の生命の深奥に突入して来たのは、悲痛に喘《あえ》ぐときだけだった。死ぬほどに考え続けていた「哲学」が、私と同体に成る時《とき》が何度もあった。生命的核融合に近い感覚を持っている。それはいつでも、悲哀の中で、ただ独りでいるときだけだった。

no.154

墓に入る日まで、独立であらねばならぬ。

『日記』より

内村鑑三（1861-1930）

キリスト教指導者。札幌農学校を卒業後、アメリカへ留学。日露戦争では非戦論を主張。自身の思想である「無教会主義」を唱え、積極的な伝道、研究、著述活動を行なった。著作に『代表的日本人』、『余は如何にして基督信徒となりし乎』等がある。

ただ独りで生き、ただ独りで死のうとする人間の矜持《きょうじ》である。独立自尊という思想を、内村鑑三ほど実行した者を私は知らない。その人生は最後の日まで、自己存在の独立のための戦いだけだった。それは凄絶な人生であり、また崇高な燃焼だったと言えるだろう。覚悟ということについて、内村の人生ほど真摯なものは少ない。内村は神とだけ対面しようとしていた。右の言葉の前に、「若い時には老人より独立せねばならぬように、老いては若い人より独立せねばならぬ」とある。

　これを、涙なくして読める者があろうか。この気概、この勇気。私は、この武士道の体現者を仰がぬ日は一日もない。近代社会を武士道によって生き抜く者にとって、内村の人生はいつの日も仰ぎ見る山塊である。内村の舐めた苦悩に比すれば、私の人生の苦痛などは児戯に等しい。あまりにも幸運な人生、あまりにも安楽な生活なのだ。どうやって、この内村の悲憤慷慨《ひふんこうがい》とその慟哭に報いるべきか。それこそが、私の武士道的人生を創り上げて来たように思う。

　私の『葉隠』は、内村のもつキリスト教によって鍛えられた。すべてから独立した自己の生命の尊厳を見つめる。それを勝ち取り、それを維持し、それと共に死に果てる。それが人間の本来だと思う。そのための戦いが、人生そのものを創るに違いない。生命の尊厳とは、神の微笑《ほほえみ》である。それだけでいい。そのためにだけ生きる。内村の思想は、私の根源的実存を屹立《きつりつ》せしめているように思う。内村によって、私は人間のもつ宇宙的使命を知った。そしてそれが、私に「絶対負の思想」を築き上げることを命じたのだ。

no.155

自然は科学的に扱わねばならぬ。歴史は詩と成さねばならぬ。

Natur soll man wissenschaftlich behandeln.
Über Geschichte soll man dichten.

『西洋の没落』より

オスヴァルド・シュペングラー（1880-1936）

ドイツの哲学者。有機体の生成から没落までの過程を歴史に適用。文化を「同時代性」という観点から考察した。ヨーロッパ文化が没落の過程に入っていることを主張し、この思想は当時の知識人達に大きな衝撃を与えた。『西洋の没落』、『人間と技術』等。

シュペングラーは、二十世紀の文明にひとつのコペルニクス的転回をもたらした。それは西洋文明の絶対性に疑義を呈し、その没落すら予言したからに他ならない。この思想は、従来の世界観の崩壊を誘発するほどの衝撃を人類に与えたのだ。社会と歴史に切り込むその切っ先は、天才の閃きを確実に持っていた。科学的であり、かつ文学的なその文明論は、私も含め多くの人間の心を捉えたのである。二十世紀の世界観の変化は、間違いなくこの名著によって始まった。

シュペングラーの教養と思索の深さは、後に続く我々に大きな目標を与えてくれた。私も高校生のときに、この名著を熟読研究した思い出がある。その文明論において、シュペングラーが各所に放つ天才性に驚かされる毎日だったことを覚えている。私はその知性に圧倒され、深く傾倒させられていた。その知性の根幹を担う思想を、私はその本に求めた。そして出会った言葉が、座右銘と成った右の言葉なのだ。この思想は、それ以後、私の学問研究の中心に据わった。

この世は、科学的に見なければならない。しかし、人間の営みは文学的に見なければならないのだ。科学と文学の婚姻である。科学だけでも偏りがある。文学だけに流れても必然を失うだろう。科学と文学のせめぎ合いの中から、私は本当の「この世」が生まれるのではないかと思い至った。自己の生命の中で、この二つが核融合を果たさなければならない。それだけの高温・高圧を自己に加え続けることで、自己固有の人生が創られるに違いない。地平線に、希望が湧き上がって来た。

no.156

死をあらかじめ考えることは、自由を求めることである。

La préméditation de la mort est préméditation de la liberté.

『エッセー』より

ミシェル・ド・モンテーニュ（1533-1592）

フランスの思想家・モラリスト。一時期ボルドー市長を務めながらも執筆活動を続けた。人間性への深い洞察によってフランスのモラリストの始祖となり、エッセー（随筆）という新しい文学形式を創始し、後世に多大な影響を与えた。

私はモンテーニュの『エッセー』から、多くの英知を学んで来た。それは中学生のときに始まり、今日まで続いている。モンテーニュのもつ騎士道精神は、よく私の武士道を思想的に支えてくれた。「哲学を学ぶことは、死を学ぶことである」という言葉に出会い、私はこのモラリストを生涯の師と感じたのだ。死の問題を厭えば、モンテーニュは決して分からないだろう。『葉隠』に生きる私は、モンテーニュと出会うことが必然だったとずっと思っている。

右の言葉は、私の人生で最も思い出深いものの一つとなっている。それは十六歳で三島由紀夫氏と出会い、文学論を戦わせたことの記憶に遡る。この言葉は、モンテーニュを私が好きなことを知った三島氏が、自分自身の思想を伝えるために私に示してくれた言葉なのだ。この言葉を中心として、私は三島氏と『葉隠』の思想、特にそれが人生にもたらす真の独立自尊についての話を交わした。死を想うことが、自由の根源を支えていると、私はこの話し合いによって初めて知ったのである。

それ以来、この言葉は私の座右を離れたことがない。青春を生きる私は、死の訓練に明け暮れていた。それが真の自由へ向かう道だったことを、今では確信するに至っている。真の自由は、死の覚悟によって得られるのだ。死を厭う者、幸福を願う者、健康を気遣う者はすべて、自己固有の自由な人生を歩むことは出来ない。それらの人々は、権力者に利用されるだけの人生を送るだろう。自由を求める者は、自分の足で立ち上がらなければならない。それには死の覚悟が必要となるのだ。

no.157

進歩の理論は、過去と現在を犠牲にして未来を神化するものである。

『歴史の意味』より

ニコライ・ベルジャーエフ（1874-1948）

ロシアの哲学者。学生時代にマルクス主義に接し、革命運動に参加。大学からの追放や流刑などを経て、次第に宗教哲学に傾倒。モスクワ大学の哲学教授に任ぜられたが革命政府と思想的に折り合わず、国外追放となる。パリに亡命後、「哲学宗教ロシア学院」を創設、思索活動を続ける。著書に『ドストエフスキーの世界観』、『現代における人間の運命』等。

ベルジャーエフは、人間のもつ歴史的運命について考察を続けた。その戦いの残滓は、多くの哲学的名著として今に伝えられている。人間の運命を、これほどに哲学化した人物はそうざらにはいない。ベルジャーエフの運命論は、その黙示録的な魅力によって光を放っている。英国の歴史家アーノルド・トインビーによって文明論の基礎を築いた私の脳は、ベルジャーエフの一撃を喰らってコペルニクス的転回を果たしたのである。つまり、未来を予見する勇気を与えられたのだ。

私の脳髄の革命は、同書の中でベルジャーエフが放つ「人間の歴史的運命にあっては結局いっさいが失敗したのである」という言葉によって発動した。この思想には決定的な衝撃を受けた。人類がこの地上に誕生した運命は、すべて失敗した。私は世界の宗教を研究して薄々はそう感じていた。人間の魂が成し遂げなければならぬ、人間独自の宇宙的使命がある。それに何度も挑戦し、すべて人類は失敗した。その結果生まれたものが、現代民主主義思想と進歩の科学思想だと私は感づいたのだ。

そうすると、現代のがむしゃらな進歩思想の意味が分かって来る。そして同書にある、右の思想に気付いたのだ。我々人類を滅ぼしかねない今の科学文明を支える根本哲理は、眼前の不安から逃避しようとする意識に違いない。過去を捨て、現在の享楽に逃げ、すべての「希望」を未来へ先送りする考え方だ。確かに、それが現代の無限経済成長思想である。私は自己の歴史哲学をもって、未来を予見する勇気をもった。この現代と戦うのが私の歴史的使命を創る。その確信をこの思想によって私は得たのである。

no.158

おそらくは、生が死であり、死が生であり得ることを誰が知ろうか。

『語録』より

エウリピデス（BC485頃-BC406）

古代ギリシアの三大悲劇詩人の一人。神話の世界に人間的写実性を採り入れ、人間情緒に富んだ新しい悲劇を生み出した。情熱的で甘美なセリフの多い作品が特徴。代表作に『メディア』、『トロイの女』、『エレクトラ』、『バッコスの信女』等がある。

エウリピデスは、「ギリシア悲劇」の巨匠である。三大悲劇詩人のひとりであり、その『メディア』や『トロイの女』は今も人々の心を捉え続けている。ギリシア悲劇とは、人間の運命がもつ過酷を描く劇の形式を言う。人間に与えられた使命を語っているのだ。それを抱き締め、生き抜く者たちがいる。そして、その重圧に圧し潰される者たちもまた多くいるのだ。それが人間の文明を築く原動力を創って来た。その民族団結の意識を、古代ギリシア人たちは、「悲劇」という芸術の中に見出していたのである。

私もまた、人間の運命について考え続けて来た。だから、早くからギリシア悲劇の名作は読んでいた。そして、その悲劇の中心を支える思想を私なりに考え続けていたのだ。ギリシア民族の誇りを語るその悲劇の中に、日本の武士道と共通の意識を多く見出していた。その一つが、このエウリピデスの言葉である。そしてこれが、ギリシア悲劇の全体を支える思想的基盤を創っていることに気付いたのだ。武士道の根源が、古代ギリシア民族の意識の基底を支配するものでもあったのだ。

生きることとは、死ぬことである。これが葉隠の武士道の根幹思想を創っている。それはまた人間の芸術の淵源を形創るものでもあったのだ。生の中に死を見ることとは、自己の生を芸術化するものとなるだろう。また、死の中に生を見出すことは、死を崇高な生の出発と成すことにもなるのだ。私の夢は限りなく広がった。人類最初の芸術と言われるギリシア悲劇の中に、武士道を見出したことの影響は大きかった。武士道の中に、大いなる「美学」を確立していくことになったのだ。その出発にギリシア悲劇がある。

no.159

われわれの恐ろしい旅は終わった。

Our fearful trip is done.

『草の葉』「おゝ船長わが船長」より

ウォルト・ホイットマン（1819-1892）

アメリカの詩人。多くの職業を経験したのち、詩集『草の葉』を出版。その伝統と全く異なる奔放な詩形は後世の詩人たちに大きな影響を及ぼした。『草の葉』は死ぬまで増補・改訂が加えられた代表作となる。ほか『民主主義の展望』等。

大統領リンカーンの死を悼んで、この詩は作られた。その一節が右の言葉である。詩集『草の葉』の中でも、特に愛誦する詩の一節だ。私はこの詩集を、深く愛していた。そこには自由の香りが匂い立っていたからに他ならない。若いアメリカが生み出す、真の男らしさの薫りが煙《けぶ》っていた。腐り果てた古い政治に支配されていた日本やヨーロッパには無い、爽々しさが溢れていたのだ。人間として生まれたならば、十九世紀のアメリカほど美しい国はないと思うに違いない。

すべての人が、恐ろしい人生の旅を歩んでいた。すべての人が、自己責任だけで生きていた。すべての人が、自由の本当の美しさと辛さを知っていたのだ。自由な人生を願う者は、自分の力で戦わなければならない。その地上に現出した歴史的奇蹟が、開拓期のアメリカなのだ。その精神が、詩集の中をところ狭しと舞っている。美しいものとは、辛いものなのだ。崇高なこととは、恐ろしいことを意味している。そういう人生を、多くの人たちが生きたのがアメリカだった。

私は自分の人生を、恐ろしい旅にしたいと考えていた。自己固有の自由の中を、駆け抜けたいと思っていたのだ。何よりも気を付けなければならないのは、自己の安楽である。ぬるま湯と幸福は、自己の人生を破滅させるだろう。私にはそのことが分かっていた。あのリンカーンのように、信念の中を生き抜こうと決意していた。そして、リンカーンのように運命によって死にたいと考えていた。そのような人生を、恐ろしい旅と呼ぶのである。しかし、その恐ろしい旅が、真の自由と真の希望を私に与えてくれることを感じていた。

no.160

恋の亡びた日本なぞ
どっかへ行了《いっちま》へ

『現代襤褸《らんる》集』「日本の恋」より

折口信夫（1887-1953）

歌人・国文学者・民俗学者。学生時代より作歌に親しみ『アララギ』同人、のち北原白秋らと『日光』を創刊。柳田國男に師事して民俗学の研究に努め、日本文学、古典芸能を民俗学的視点から考察し、独自の境地を切り拓いた。また釈迢空の筆名で多くの詩歌を発表した。『古代感愛集』、『死者の書』等。

折口信夫は、戦後日本を嘆いていた。日本人の心を失いつつあるその姿を悲しんでいたのだ。特にその情熱の喪失を憂いた。情熱を失えば、その民族は文学を失う。文学を失えば、神話を失うのである。そして神話を失えば、その民族の歴史は終焉する。折口の詩には、その慟哭が謳われていた。折口は、日本精神の中枢にスサノヲの命を置いていた。それが失われたのだ。折口は戦後間もなく「スサノヲの　昔語りも　子らに信なし」と絶叫した。情熱が、眼前で崩れ去った。

折口はスサノヲの魂に、日本人の情熱とその溢れるような恋心を見ていた。何ものかを激しく恋するその純心を、スサノヲの神話に見出していたのだ。それさえ忘れなければ、日本の将来はどうにでもなる。情熱とは、つまりは恋心なのだ。恋とは、何ものかを激しく慕う心を言う。恋心なくして、愛などは生まれようもない。恋を経ない愛は、嘘の愛である。自己を忘れるほどに焦がれ狂った恋心だけが、本当の自己を創り上げるのだ。死ぬほどの恋である。

命懸けのものは、すべて恋なのだ。命よりも大切なものをもつことが、本当の恋を知るということだろう。私の信ずる「葉隠」は、忍ぶ恋を武士道の中枢に据えている。恋心のない者は、武士道に生きることは出来ない。そう山本常朝も言っている。恋とは、自己を乗り越えることである。自己を失うことなのだ。自分などよりも、ずっと大切なもののために自己を投げ捨てることを言う。その心が日本から失われているのだ。神話を失って、我々は自己の生命の誇りを失った。恋が亡びれば、日本はなくなる。

no.161

私の言語の限界が、私の世界の限界である。

Die Grenzen meiner Sprache bedeuten die Grenzen meiner Welt.

『論理哲学論考』より

ルートヴィッヒ・ウィトゲンシュタイン（1889-1951）

オーストリア出身の哲学者。大学で工学、論理学、哲学を学んだのち第一次世界大戦に従軍。捕虜生活を経て、ケンブリッジ大学のフェローとなり、のちに英国に帰化。言語の有意味性を徹底して追求し、20世紀の哲学に大きな影響を与えた。著書に『論理哲学論考』、『哲学探究』等がある。

これほどに言語力の大切さを言い切った言葉は少ない。これは間違いなく、ウィトゲンシュタインの血と涙の中から出来上がった言葉である。言語の力だけが、人間のもつ人生の力を決定する。言語とは、自己の中で明確化されている思考の総体を言う。だから、もちろん、明確な行動や力のある沈黙もこの言語に含まれることは言うまでもない。言語とは、自己表現の力そのものを言っているのだ。表現できないものは、自己ではない。それを知ることが、自己固有の人生の出発となるだろう。

人間は、宇宙の偉大な混沌の力によって存在している。だから、人間は宇宙の無限を包含することが出来るのだ。その混沌の中から、地上的価値を抽出する力こそが言語力なのである。つまり、言語力とは想像力の総体に等しいのだ。混沌の力が大きいほど、無限を感ずる力も増して来る。無限を身の内に感ずれば、人間は自己固有の想像力を生み出すことが出来る。その想像力こそが、直接的な言語を生み出すのである。だから想像力ほど大切なものはないのだ。

その想像力は、人間の中に沈黙として積み上げられ蓄えられる。そこからすべての言語化がなされる。言語のもつ重みは、その沈黙の厚みと比例するのだ。沈黙の深い人間は、また秀れた言語能力をもつことになるだろう。言語化できない沈黙は、沈黙ではない。それは混沌から、この現世に足を踏み入れていない状態に過ぎない。真の沈黙は、遅かれ早かれ必ず言語化されることになる。だから我々の人間存在としてのすべては、我々の言語力の範囲ということになるのだ。

no.162

最後の審判は、この上なく大きな現実なのである。

『死の哲学』より

レフ・シェストフ（1866-1938）

ロシアの哲学者・批評家。革命後フランスに亡命、パリ大学教授となる。理性主義に反発して神秘思想を研究。ニーチェとドストエフスキーの影響を受けて、神秘主義的実存哲学の視点から「不安の哲学」を提唱した。著書に『悲劇の哲学―ドストエフスキーとニーチェ―』、『虚無よりの創造』等がある。

シェストフは、ロシアが生み出した最もロシア的な哲学者である。シェストフの魅力は、そのロシア的な荒涼たる空間の中に存している。私が初めてシェストフを知ったのは、その「ドストエフスキー論」によってだった。一読するや、私はシェストフの虜《とりこ》となり、それはいま現在も続いている。シェストフの深淵は、余人の遠く及ぶところではない。それは決定的な真実を持つものなのだ。私はシェストフによって、ドストエフスキーの新しい地平線を見出したのである。

ドストエフスキーの他に、シェストフを支えているものの柱にニーチェとプロティノスがあった。それらの哲学も、シェストフによって私は道を拓かれたのだ。シェストフの中に、ギリシア正教的な騎士道を感ずる者は私だけではあるまい。その哲学は、「高潔」という言葉が最もふさわしいだろう。男らしい潔さが、その思想全体を覆い尽くしている。「突進」の思想である。だから、シェストフとの出会いは、私にとっては宇宙的必然だったに違いないと思っている。

シェストフの潔さは、現代人が忘れ去ってしまった「最後の審判」を想像するその力にある。人類に与えられた宇宙的使命を、身の内深く感ずるその感性だ。シェストフにとって右の言葉は、その全思想を貫く真理なのだ。人間に与えられた宇宙的使命を、人類的正義としている。ここにおいて、私の武士道が、シェストフと激しい核融合を起こすのである。最後の審判は、私の人生にとってもすべての現実を創っている。私とシェストフは、たとえすべてを捨てても、人間はその宇宙的使命に生きなければならないと語り合っているのだ。

no.163

日々は流れゆき、私は残る。

Les jours s'en vont je demeure.

『アポリネール詩集』「ミラボー橋」より

ギョーム・アポリネール（1880-1918）

フランスの詩人。生涯を通じて前衛的な芸術活動に参加。ダダやシュールリアリズムなどの、新しい芸術の創造に大きな影響を与えた。ピカソとともにキュビズム理論の確立に尽力したことでも有名。代表作に『アルコール』、『カリグラム』等がある。

アポリネールの詩には、珠玉のような希望の滴りが鏤《ちりば》められている。それはこの詩人が、言葉に表わすことの出来ぬほどの不幸を味わって来たからに違いない。不幸の中から美しいものが生まれて来る。屈辱の中から真の希望が現われて来るのだ。日々の時間と、真に対決した者にのみ、未来は微笑《ほほえみ》かけて来る。『ユートピアの精神』の著者エルンスト・ブロッホは、「私はある。我々はある。それで充分だ。ともかく始めなければならない」と言った。ブロッホは、希望の哲学的基礎を述べたのだ。

それを詩と成した者が、アポリネールだろう。右の言葉には、無限の悲哀と永遠の希望が謳われている。我々は生きているのだ。我々はいまここにいる。我々は進まなければならない。そう詩人は我々に語りかけている。この一節に先立って「夜よ来い、時よ鳴れ」という一節が謳われている。真の希望が、戦いの中から生まれることを示しているのだ。自己の運命に向かって、体当たりを喰らわす人間にして、初めて右の一節が意味を成すのだ。

自己の運命に与えられた不幸を、抱き締めた人間にだけこの一節が語りかけて来る。いま自分が在ることの幸福を、自分の運命だけが知っているのだ。その運命が、いま残っている。それがすべてだ。それ以外のもので、何を必要とするのか。運命に立ち向かう者にとっては、自分の存在そのものが、宇宙的使命をもつひとつの運命なのである。自己の運命だけが、未来を切り拓くことが出来る。運命の中に、真の希望が内在しているのだ。それをこの詩人は、美しく謳い上げた。

no.164

私はある夜、「永遠」を見た。

I saw Eternity the other night.

『火花散る火打石』「世界」より

ヘンリー・ヴォーン（1622-1695）

イギリスの詩人。宗教詩で知られる。ウェールズの旧家出身であり、内乱のあと医者として生活していた。形而上派詩人として神秘的な詩の世界観で高い評価を得ている。『火花散る火打石』等。

ヴォーンは、英国ルネサンスの後に生を享けた詩人だった。ジョン・ダンの正統なる継承者と言うべきか。瞑想詩を書いてヴォーンの右に出る者は少ない。それは、ヴォーンにとって瞑想こそが「リアル」だったからに他ならない。現代人が忘れてしまった、真の信仰を持っていたのである。信仰に生きる者にとって、この世は大した価値を持っていない。自己の中に内在する、宇宙的実在である魂にこそ、真の「リアル」を感じていたのだ。その魂が、ヴォーンの詩を支えている。

ヴォーンはある夜、「永遠」を見たと詩に謳った。私には、この決意と勇気がひしひしと伝わって来るのだ。自己の魂を信ずる高潔さが生み出す、真の「リアル」がここにあるのだ。自己を信ずる力のない者に、永遠は開示されない。永遠とは、つまりは宇宙の実在である。それと自己が合一できる者は、自分の生を信じている者に限られるだろう。自分の運命を信じ、自分の存在を信じ、自分の死後の永遠を信じられる者だ。そのような者にだけ、永遠は開示される。

永遠の開示は、それを維持し持続する者にだけ力を与えることになる。瞬間の永遠は、どの生命にも与えられているのだ。その開示を永遠として自己に刻印する力が、自己の魂を信ずる力なのである。そして永遠の開示を受けた者は、自己に与えられた宇宙的使命を見出すことが出来るのだ。すべてが自己を信ずる力にかかっている。永遠は、いつでも実在するのだ。それを見ることが出来るか、出来ないか。そのすべてが、自己の生き方にかかっている。永遠を見れば、人間は人間の死を迎えることが出来るのだ。

no.165

過去は寂寥《せきりょう》の谷に連なり、
未来は絶望の岸に向へり。

『氷島』「帰郷」より

萩原朔太郎（1886-1942）

詩人。北原白秋の門下として作詩を始める。口語自由詩で新しい抒情性を追求、近代象徴詩を完成し後の詩壇に大きな影響を与えた。近代日本を代表する詩人として名高い。代表作に『月に吠える』、『氷島』等がある。

何事かを為す人間の「現在」が表わされている。最も崇高な一節である。人間のもつ崇高は、いかなるものから生まれるのか。それを余すところなく表現している。人間の歴史が抱える過去の悲哀に思いを馳せることの出来ない人間は、何も為せないだろう。その過去が、自分自身の過去と重複する生き方をして、初めて志は立つ。人類の未来に、憂いを持たぬ者は、何も為すことが出来ない。その人類の未来と自己の将来を、同一のものと見なして、初めて人間は立つのだ。

萩原朔太郎は、日本の詩歌に革命をもたらした人物である。悲哀の人であり、絶望の人だったに違いない。しかし、その魂のゆえに、ひとつの天才を与えられたのだろう。本当の「現在」つまり「火を噴く今」は、このような人物によって創られるのだ。今に屹立《きつりつ》する人間は、このような時間の中を駆け抜けている。これは朔太郎の生活から来た言葉ではない。天から降った思想である。寂寥の谷とは、『聖書』の詩篇にある涙の谷だろう。また絶望の岸とは、ダンテ『神曲』の地獄篇にある忘却の川の岸に違いない。

この詩は、朔太郎個人の悲劇が生んだものだ。しかしその本質は、天が朔太郎に命じた現代の神話なのだ。この一節に出会ったとき、私は朔太郎を創った天の意志を感じた。この一節に含まれる思想から、人類は偉大な文明を築き上げて来たのである。私も寂寥の中を生きて来た。それは私の誇りがそうさせたのだ。そして私は、人類の未来に絶望している。それが私に、私自身の宇宙的使命を感じさせてくれる。幸福な過去と明るい未来を望む者に、人間の生《せい》は全う出来ないのだ。

no.166

それについては知らない、決して知ることがないだろう。

Wir wissen es nicht und wir werden es niemals wissen.

『自然認識の限界』より

エミール・デュ・ボア＝レイモン（1818-1896）

ドイツの生理学者。ベルリン大学教授を務める。神経伝達のしくみを解明、筋肉の中に神経伝達と同様の現象を発見。電気生理学という新しい学問領域を切り拓いた。また生物物理学運動を起こし、生理学、生物学の発展にも寄与。著作に『動物電気の研究』、『自然認識の限界』等がある。

デュ・ボア＝レイモンは、あの偉大なＪ・Ｐ・ミュラーの後継者として十九世紀のベルリン大学医学部に君臨した生理学教授である。その『自然認識の限界』は不可知論と呼ばれ、当時猛威を振るっていた唯物論に重大な一撃を加えた名著だった。人間の知性と科学には限界があることを示した功績は、長く歴史に留められるだろう。それは人間の勇気を示すことでもあった。当時のドイツにおいて、科学者が唯物論に物申すことは、その地位を失うことを意味していたのだ。

それを実行した。この一事だけでも、デュ・ボア＝レイモンの人格を伝えるに充分な事柄となるだろう。この不可知論は、民主主義と科学思想が暴走を始めようとした時期に成された。その慧眼を、私は若き日から仰ぎ見ていたのだ。まず、自分が物事も知らないことを知ることが最も大切だと私は考えている。これは古代ギリシアのソクラテス以来、賢者と呼ばれる人々が必ず言っていたことなのだ。しかし、この最も重大な「英知」が、十九世紀に至って、壊滅させられてしまった。

その嵐の真っ只中に、この学者は屹立《きつりつ》していたのだ。デュ・ボア＝レイモンの勇気をいつでも座右に置くことが、現代人の教養なのではないかと私は思っている。その最も分かり易い思想が、右の言葉となっているのだ。私は何事を思考するときも、いつでもこの思想と共に考えている。それが自分の暴走を止める英知だと思っているからだ。武士道に生きる私が恐れることは、独善だけである。だから、このデュ・ボア＝レイモンの思想は、私の神でもあるのだ。

no.167

坐底《ざてい》に立底《りゅうてい》を見《み》、立底に坐底を見る。

坐底見立底、立底見座底。

『趙州録』第三三四番より

趙州真際《じょうしゅうしんさい》(778-897)

幼少時に曹州の龍興寺で出家。のちに南泉普願に師事、「平常心是道」に関する言葉で大悟、法嗣となる。嵩山の琉璃壇で受戒。80歳から趙州の観音院に住して「口唇皮禅」を宣揚、120歳まで生きた。門弟との問答の多くが後世に「公案」となり名が広まった。『趙州録』等。

趙州の禅には、武士道がある。大唐帝国最高の禅師のひとりと言われているが、その本来には日本の武士道を感ずるのだ。禅匠の中で、『臨済録』に伝えられる臨済と並び、私が最も憧れる禅者の双璧となっている。臨済が宇宙を地上に展開しているのに比し、趙州は地上を宇宙に放擲している感がある。その放擲の径路に、私は武士道の重力を見るのである。『葉隠』が伝える涙が、大唐帝国に展開する様《さま》を趙州の言行に感じている。趙州と私は、武士道の涙を語り合っているのだ。

　右の言葉は、その趙州が弟子の問いに答えているものだ。趙州は坐わり、弟子は立っているのだろう。質問に対して、趙州はこう答えたのだ。坐わる者は立つ者を見ている。そして立つ者は坐わる者を見ているのだ。そう趙州は答えた。質問の内容などは、どうでもいいことである。趙州の答えの中に、地上における人間存在の、宇宙的実在がある。私はお前を見ている。お前は私を見ているのだ。私は坐わり、お前は立っている。それが人間存在のすべてである。

　私の答えは私の答えであり、お前の疑問はお前の疑問なのだ。私を見て答えが分からなければ、お前は永遠に何も分からないだろう。私を見て、お前が自分の疑問に何かを感ずるなら、お前は自分と対面している。いま私は坐わり、お前は立っている。私を見てお前が自分を知れば、お前が坐わって私が立つことになるだろう。それが、この地上の掟なのだ。そして、宇宙が我々人間を創ったいわれでもあるだろう。我々はいつでも、自分の実存の総体によって他を見ている。二人の差は無限にして極小なのだ。見る者は、見られる者である。

no.168

代々それで、お苦しみなさったらよかろう。子孫が何か苦しむものを持っているが宜《よろ》しい。

『言行録』より

團琢磨《だんたくま》（1858-1932）

実業家・三井財閥の大番頭。13歳にして岩倉具視の欧米視察団に同行、マサチューセッツ工科大学を卒業。帰国後は鉱山局に勤務し三池炭鉱に赴任。三井財閥を、工業を主体とした事業体に発展させる。のちに財界の最高指導者として活躍するが、血盟団によって暗殺された。

團琢磨は、戦前の日本における第一等の経済人だった。その学識と経営手腕において、今日に至るまで比肩し得る者はないだろう。戦前の三井財閥を、真に世界的なものと成した中心人物と言っていい。その最期は、井上日召によるあの「血盟団」の標的とされ、三井本館前において暗殺された。実行犯菱沼五郎の拳銃が、團琢磨の右胸部に向かって火を噴いたのだ。殺す者も男だった。殺される者もまた男だった。この事件は、悶え苦しむ新興日本のひとつの象徴に間違いない。

右の言葉は、日本が如何に苦しくとも、世界的な製鉄業を育てなければならないという團の決意を表わしている。この言葉に続いて、その苦しみは男らしい苦しみであり、人間は何か国家的に苦しむことを持っておらぬと、いよいよ馬鹿になる……と続くのだ。團琢磨の真骨頂とも言うべき思想である。これは不況に喘ぐ日本の製鉄業の将来について、團が自らの仕える三井財閥の総帥者、男爵三井高棟《たかみね》に語ったと伝えられる言葉だ。私の経営学は、この思想だけしかない。これだけで充分だ。

私は自己の運命によって実業家となった。いつ思い返しても、実業家であることそのものが不思議だと思う。しかし、それが運命である以上、その生き方の中に「葉隠」を貫徹させることが私の使命となるのだ。葉隠から紡ぎ出された「絶対負の思想」を、この日本で実業として貫徹させなければならない。そのために仰ぎ見る人物こそが、この團琢磨なのである。團の中に生きる武士道が、私の血を騒がすのだ。その男らしい思想と、それを実行した生き方がいい。そして何よりもその死に様に私は憧れるのだ。

no.169

この哀しみの国から捧げる、遠く離れたものへの祈り。

The devotion to something afar. From the sphere of our sorrow.

『遺稿詩集』「濫用されすぎている一つの言葉」より

パーシー・シェリー（1792-1822）

イギリスの詩人。バイロン、キーツと並んで19世紀のロマン主義文学を代表する人物。既成の権威や道徳への反抗心から、対社会的な理想主義に向かうようになった。自身の理想的な美の探究を詩作という形式で結実させた。代表作に『鎖を解かれたプロメテウス』、『詩の擁護』等がある。

シェリーがもつ抒情は、日本人の抱く「もののあはれ」によく通じるものがある。ロマン派を代表する詩人だが、英国人のもつロマンを超越した「何ものか」を放射している。あのT・S・エリオットが激しく攻撃した詩人としても知られている。つまり、英国的ではないもう一つの英国が映し出される詩人なのだ。その短く激しい人生は、『平家物語』の公達《きんだち》さえ思い浮かべるほどである。近代ではないものを見詰めていた人間として、近代の前に立ちはだかる思考なのかもしれない。

それを愛する者と、それを憎む者にはっきりと分けられてしまうことになるだろう。もちろん私は、愛する者のひとりだ。日本人である我々は、シェリーの住む世界を知っている。それは古代から連綿と続く、日本語という言語を我々が用いているからに他ならない。日本人の多くは、古代を身の内に抱えているのだ。それが日本の良いところでもあり、また悪い面でもある。それを良く出すことが、日本の将来を決定することになるのだろう。

シェリーを読むことは、日本人が日本の感性を取り戻すことに役立つのだ。こういう詩人はめずらしい。右の一節を私は高校生のときから座右に掲げている。もののあはれが分かれば、このシェリーの憧れは自らの憧れとなる。現世を哀しむことが、日本人の魂を呼び戻す。その魂は、遠い未来へ向かって叫んでいるのだ。絶対に到達できない憧れに向かって、我々の祖先は祈り続けた。我々日本人にとっては、現世などはいつでも価値がないのだ。

no.170

人間は、苦しみによって英知を学ぶのだ。

悲劇『アガメムノン』より

アイスキュロス（BC525-BC456）

古代ギリシアの三大悲劇詩人の一人。ペルシア戦争で激戦を経験した。他の追随を許さない雄大な構想と壮大な言語で知られ、現在まで七編が伝えられている。『縛られたプロメテウス』、『ペルシア人』等がある。

私は英国の歴史家アーノルド・トインビーを深く尊敬して生きて来た。私のもつ歴史観や文明観そして人類的希望は、その多くをこの偉大な人物に負っているのだ。トインビーのもつ真の教養主義は、私にとって最高の憧れである。それは死ぬまで、そうに違いない。真の人物を私はここに見るのだ。英国紳士の原型を維持し、その求道の人生は騎士道を彷彿さえする。そのトインビーが、オクスフォード大学ベイリオル学寮の学生の頃から掲げていた座右銘が、この右の言葉となる。

従って、これはそのまま私の座右銘となった。高校生以来、この思想は私の根本を形成する最も大きな力となったのだ。このアイスキュロスの思想によって、私はウナムーノの『生の悲劇的感情』と出会えたように感じている。愛の苦悩を思索し続けたウナムーノを、私はこのギリシア悲劇の思想によって理解したように思う。キリスト教の最も深い愛の英知を、私はキリスト教以前の哲学によって自分なりに理解した。私の理解は、日本人的な愛のひとつの解釈を生み出したと思っている。

『葉隠』の忍ぶ恋が、キリスト教の愛と融合したのである。その媒介にギリシア悲劇の精神が働いていた。私は自己の日本的愛の確立に、誇りを抱くことが出来た。古代ギリシアの魂が私に語りかけ、私の武士道を包み込んだと思ったからだ。ギリシア悲劇と武士道が、キリスト教的愛を私の中で核融合したと思っている。人間の混沌と不合理が、私の中に屹立《きつりつ》して来た。混沌と不合理が、文明の中に愛を貫徹させて来たことを知ったのだ。苦悩の中に見出す愛を私は見詰めていた。

no.171

人間は来たるべき存在である。人間は人間の未来である。

L'Homme est à venir. L'Homme est l'avenir de l'homme.

「人間に関する最初のノート」(サルトルの刊行した『レ・タン・モデルヌ』誌への寄稿)より

フランシス・ポンジュ(1899-1988)

フランスの詩人。人間と物の真の調和を追求、主観ではなく「物の真実」の言語化を目指した。長い間無名であったが、サルトルの紹介によって一躍有名になり、ヌーヴォー・ロマンの作家たちに大きな影響を与えた。代表作に『物の味方』、『プロエーム』等がある。

　ジャン＝ポール・サルトルは、その『実存主義とは何か』において、この言葉を引用した。自己のもつ人類的希望の思想を表わすものとして、これを選んだのだ。「存在」を徹底的に追求した思想家が、ポンジュの言葉に人類の本質を感じたのである。人間はまだ未完なのだ。我々は、まだ「人間」になっていない。我々は未来の「人間」のための前提としての存在に過ぎない。またサルトルの盟友モーリス・メルロ＝ポンティは、この「未完の人間」の思想を「生の未完結性」（リニシュヴマン・ドゥ・ラ・ヴィ）という思想で表わしてもいたのだ。

　人間は、まだ人間になっていない。物質万能主義に覆われた二十世紀を経験した哲学者たちの多くが、その思いに駆られていた。我々は、未完なのだ。このような当たり前の考え方に行き着くのに、人類は大殺戮を伴う二度の世界大戦を経る必要があった。人間とは、愚かな存在なのだ。それを知ることが未来において、人間となるための条件なのだろう。人間は、神を戴《いただ》くことによって文明を築き上げて来た。我々がそれを忘れてから、もうどのくらい経つのだろうか。

　信仰を失ってしまった現代人は、すでに未来を志向する指針を失ってしまったのだ。この人間たちが、人間として存続するためには、いまはまだ人間ではないと分かる必要がある。我々は、未来に「人間」と呼ばれる存在となるために、いま生きているのだ。これを遺憾とする者こそが、人類の敵なのである。経済至上主義、現世享楽主義の者たちにとって、このポンジュの思想は受け入れ難い。しかし人間について深く洞察した者は、却ってポンジュのこの思想の中にこそ、真の人類的未来を感ずるに違いない。

no.172

他者の生を、自己の生のなかに体験するのである。

Er erlebt das andere Leben in dem seinen.

『わが生活と思想より』より

アルベルト・シュヴァイツァー（1875-1965）

フランスの神学者・音楽家・哲学者・医師。大学では神学と哲学を学び、その傍らで音楽に関わり、バッハの研究から宗教的な思索や独自の生命観を得ていった。のち布教活動のために医師となり、フランス領の赤道アフリカに渡り現地で伝道と医療に従事した。著書に『文化哲学』、『イエス伝研究史』、『バッハ』等がある。

シュヴァイツァーは、「密林の聖者」として多くの人びとに知られている。ドイツの医師にして音楽家、そして何よりもアフリカの医療のために生涯を捧げた人物として名高い。人道支援という言葉を世界に定着させた人生だったのではないか。私も早くからその名を知ってはいた。しかし私がシュヴァイツァーと深く係わるようになったのは、その「音楽論」を知ってからなのだ。私の抱く、特にオルガン音楽に対する考え方を創り上げてくれた人物と言ってもいいだろう。

シュヴァイツァーの本質は、その音楽論の中にある。そこにはこの人物の人間燃焼の故郷が語られている。生命の炎とは何か。キリスト教の本源には何があるのか。そして、人間の本当の生《せい》を支えるものについての考察である。マルチン・ブーバーの言う「我と汝」の思想こそが、シュヴァイツァーを立たしめていた。すべての生きとし生けるものとの間に、我と汝の関係を築き上げていたのだ。それは自己の生命と対面し続けることによってのみ、可能となる生き方と言っていい。

他者を学び、他者を参考とする者は、自己固有の本当の生を味わうことは出来ないだろう。他者と合一し、他者の中に自己を溶融する必要がある。そして何よりも、自己の中に他者を本当に迎え入れることが大切なのだ。すべてのものに対して、我と汝の関係を築き上げるのである。「体験」が大切なのだ。本当の自己は、自己のない自己だ。他者の生を生きる自己の中に、本当の自己が創られる。溶融とは、一体となることを表わす。他者に振り回されるのではない。他者と一体の生を生きるのである。

no.173

満足した豚であるより、不満足な人間である方が良い。

It is better to be a human being dissatisfied than a pig satisfied.

『功利主義論』より

ジョン・スチュアート・ミル（1806-1873）

イギリスの政治哲学者・経済思想家。政治哲学においては自由主義・リバタリアニズムほか社会民主主義の思潮にも多大な影響を与える。帰納法を大成、ベンサムの功利主義を修正。著作に『論理学体系』、『経済学原理』等。

魂の進化が終わったとき、我々人間の存在理由が消滅する。人間とは、永遠に向かって進み行く霊的主体である。その行く手にいかなる困難があろうとも、またいかなる悲痛が待ち受けていようとも、我々は不断に前進するのだ。その悲哀を抱き締めることだけによって、我々人間の歴史は刻まれて来た。私が人類の歴史から学んだことは、この一事に尽きる。この人間の営みを受け継ぐことだけが、きっと私の人生に意味を与えてくれるだろう。

いまここに、私はJ・S・ミルの言葉を取り挙げている。人間を定義する上で、最も偉大な思想と私が考えている言葉の一つだ。No.150の座右銘において、私はプロティノスの言葉を取り挙げたことを思い出す。あの「偉大にして最後なる戦いが、人間の魂を待ち受けている」という思想だ。プロティノスは人間の生きる上での覚悟を語っていたのだ。その覚悟の、地上的展開がこのミルの言葉だと言っていいだろう。日々の生活における、我々の生きる上での姿勢をミルが我々に問いかけているのだ。

人間は、満足したときに終わる。魂のある人間としては、満足したときに終わるのだ。満足は、人間以外のすべての存在物に与えられた神の恩寵である。我々人間は、永遠を仰ぎ、この世の終わりまで進み続けなければならない。神が人間に与えた宇宙的使命は、苦悩し続けるその魂の存在にある。神を求め、永遠を求めて苦しみ続ける我々の魂こそが、宇宙を支える我々の「誠《まこと》」なのだ。人間は、永遠の未完成体として存在している。その苦悩を生きることが、真の人間の「幸福」であるに違いない。

no.174

確実なのは、この世界には不幸がある
ということだけだ。

『邂逅』より

椎名麟三（1911-1973）

小説家。様々な職を転々としたのち、組合活動で検挙され入獄。戦後は現代における生の可能性を問うという実存的テーマを追求し、戦後派文学を代表する作家となった。『永遠なる序章』、『自由の彼方で』等。

椎名麟三の『邂逅』は、戦後日本人の生《せい》を問い質《ただ》すひとつの「良心」となっている。私はこの文学を知ることによって、真の出会いと別れ、そして自己の中に巣食う戦後的ニヒリズムとの戦いを戦い抜くことが出来たのである。自己の中に、天《あめ》の沼矛《ぬぼこ》を打ち立てなければならぬ。絶対に揺るがぬ天を目指す垂直の柱ということである。戦後の日本人は、それを失った。私は『邂逅』の哲理を考え続けることによって、それを打ち立てて来たのだ。この不合理の世をどのように斬り裂くか、である。

道元の『正法眼蔵』を私は考え続けて生きていた。生命のもつ幸福と不幸、人間のもつ喜びと悲哀、宇宙を支配する暗黒の真実について知りたかったのだ。私は現世を武士道によって生き、それだけで死ぬつもりでいた。しかし、人間のもつ好奇心を抑えることは出来なかったのだ。私は運命に対する体当たりによって、その苦悩を打開しようと思っていた。そしてトインビーに出会い、ウナムーノに出会い、この『邂逅』と出会ったのである。

私はこの文学によって、不幸の中に打ち立てる人生の意義を知った。人生とは、幸福によって創られるものではないのだ。不幸をどれだけ受け入れたかによって、人生の価値と厚みが創られる。不幸を受け入れたとき、我々人間は人間の真実を知ることになる。人間の真実を知れば、我々は宇宙の混沌をつんざくことが出来るのである。そして人間を越えた未来を感ずることが出来れば、我々には真の希望が芽生えて来る。不合理を抱き締め、不幸の中を堂々と生きるのだ。我々の生命は、戦うためにある。『邂逅』の幕切れのように、「さあ、愉快に、一緒に戦おう」ではないか。

no.175

無関心こそが、非人間性の本質である。

Indifference is the essence of inhumanity.

『悪魔の使徒』より

バーナード・ショウ（1856-1950）

ダブリン生まれのイギリスの劇作家・評論家。文芸・美術・音楽・演劇の批評家として世に出る。のち様々な戯曲を発表。辛辣な風刺に満ちた独自の表現で知られる。代表作に『人と超人』、『ピグマリオン』等がある。

非人間的とは、何のことを言うのか。英国の作家バーナード・ショウは、それを「無関心」であると言い切ったのだ。残虐でも憎悪でもない。人間に非《あら》ざることは、無関心だと言った。私はこの思想と出会って以来、この無関心の問題を考え続けて来た。そして愛の対極に位置するものも、また無関心であることに気付くときがあったのだ。人間の魂が、何らかの使命によって創られたと理解したとき、この言葉の意味は体内の奥深くに沈潜したのである。

人間は何事かを成すために、この地上の客となった。そうでなければ、人間などという代物はこの地上には必要ないのだ。我々は、ひとつの宇宙的意志によって生み出された。その意志は、この大宇宙に実在として現存している。それを見詰めること。そしてそれと親しむことが大切となる。それらは我々の目の前に存在するのだ。我々は、この世を観るために生まれた。この世を感ずるために生まれたのだ。そして、この世の本質を抱き締め、それを愛するためにこの地上に来た。

人間の使命に思いを巡らせば、無関心の本質的意味も分かって来る。無関心は、単なる性質などというものではないのだ。それは人間の否定に繋がっていく。虚無の入り口なのだろう。では何に関心を持てばいいのか。我々が使命を帯びた人間である以上、それは人類の発祥から決まっていることだ。宇宙に思いを馳せ、生命の神秘と真っ向から対面し、人類の文明と格闘し続けることに尽きる。そして、そのような人間の使命に生きた人々の魂との真の交流である。我々は死ぬまで、思索し働き続けなければならないのだ。

no.176

したがって、福音書は我々の歴史に幸福な結末を与えるものではない。

Consequently, the Gospel does not provide a happy ending to our history.

『文化の起源』(本書についてのアメリカでの英語による講演)より

ルネ・ジラール(1923-2015)

フランス出身の文芸批評家。若い頃にアメリカに移住し、複数の大学でフランス語学、文学、文明学などを教える。模倣(ミメーシス)の理論や暴力・宗教の理論などの考察で有名。『欲望の現象学』、『暴力と聖なるもの』等。

現代人は神を失って久しい。神を失ったために、宗教の本質もまた失ってしまった。宗教は人類を創り上げた「実在」である。我々人類は、祖先と親を失ってしまったのだ。二十世紀に至って、我々は全世界的に宗教を失った。まだ残っている地域も、失うのは時間の問題と化している。我々は人類に与えられた宇宙的使命を喪失したのだ。宗教心を失うとは、そういうことに尽きる。我々人類は、なぜ人類となったのか。そして何を為して、何処へ行くのか。それを失った。

宗教とその神は、我々に人間の使命を命じていた。しかし我々は、自己の幸福と安楽を求め続ける文明に突入してしまった。そのために、我々は「親」を殺した。そして、宗教の中に存在した都合の良い部分だけを残したのだ。それが自由、平等、博愛であり、また幸福と生き甲斐の考え方と言える。それらの考え方は、神の監視の下でのみ、その本当の価値を見出せるものだった。神がなければ、それらの現代的価値は我々のエゴイズムしか助長しないのだ。

ルネ・ジラールは、この人類的課題を生涯に亘って思索し続けた。そして右の言葉を述べたのである。この思想は、ジラールの中心を貫くものだ。キリスト教はヨーロッパを創った。そして全世界の民主主義と科学思想の基礎を築き支え続けた宗教である。その『福音書』が、我々に幸福をもたらすためのものではないと言っている。現代人は宗教を「幸福への道」と考えている。そこに現代的傲慢があるのだ。宗教、特にキリスト教は、人類に人間の使命を与えるためにある。使命を果たし、「最後の審判」に臨むことを求めているのだ。

no.177

真実に向かって命を捧げる。

Vitam impendere vero.

『風刺詩集』より

デキムス・ユニウス・ユヴェナリス（60頃-130頃）

古代ローマの風刺詩人。ヨーロッパ風刺詩の祖。ドミティアヌス帝お気に入りの役者を風刺する詩を書いていたことで、一時期ローマを追放される。退廃したローマの愚行、悪徳、卑劣を鋭く攻撃した。その著作に『風刺詩集』がある。

あのアーノルド・トインビーのラテン詩によって、私はユヴェナリスの魅力を知った。ローマ帝国において、この詩人は独自の思想を打ち立てていた。荒廃する帝国の魂のために謳い、そして文明が抱える悲哀について語り続けたのだ。享楽のローマを見つつ、その衰亡を憂いた。保償と娯楽に耽《ふけ》り出したローマ市民に向かって荒野の叫びを続けた。その「パンとサーカス」という表現は、狂乱のローマを表わす言葉として今に伝えられている。古代における、勇猛と義憤の魂について私は多くを教えられた。

その一つが、右に掲げられた言葉なのだ。人間は、自分の命よりも大切なもののために生きなければならない。それは人類の宇宙的使命として、決定されていることだと私は思っている。もちろん私は、『葉隠』の思想に命を捧げている。それはすでに、私の宿命と化している事である。そして、その武士道に最もふさわしい言葉が、このユヴェナリスの思想だと感じたのだ。真実とは、日本の言葉では「誠」ということに尽きるだろう。誠に向かって生き、誠に向かって死ぬ。

私の武士道が、あのローマ帝国に甦ったような喜びを感じた。ローマ最高の詩人の言葉の中に、私の武士道が重なったのだ。詩人はその詩の中で私に語りかけてくれる。「死の恐怖を乗り越え、いかなる苦しみをも耐え忍べ」。葉隠の思想が、私の中で再結晶化されていく。その結晶は、輝きながら未来を見つめているようだった。漆黒の中に、きらきらと煌《きらめ》く蒼《あお》い焔を放って、その結晶は光っていた。私の中で、葉隠のロマンティシズムとローマ帝国のリアリズムが融合したのである。

no.178

蔦《つた》の葉はまだあった。

The ivy leaf was still there.

『最後の一葉』より

オー・ヘンリー（1862-1910）

アメリカの作家。様々な職を経験し、銀行に勤めるが横領罪で告訴され収監。服役中に執筆を始め、出獄後も作家生活を継続。ニューヨークの庶民の生活を哀歓を込めて描いた作品が多い。代表作に『賢者の贈物』、『最後の一葉』等がある。

オー・ヘンリーは、私の最も愛する短篇作家のひとりである。『最後の一葉』は、その出会いとなった忘れ得ぬ作品なのだ。高校一年の英語の教科書で初めて出会った。そのときの衝撃をいまもよく覚えている。チェーホフやメーリメに比肩し得るユーモアと、何よりも深いペーソスを感じたのだ。アメリカ的でぶっきら棒な表現の中に、うねり来るような悲哀が漂っていた。真の希望と愛の本質、そして何よりも愛の悲しさが心に響いた。この作品と右の言葉は、私の人生を屹立《きつりつ》せしめたのだ。

物語は単純である。病気の主人公は、窓の外に見える蔦の葉がすべて散ったときに、自分は死ぬと思っていた。それを知った老画家が自己の病を押して、窓に蔦の葉を本物そっくりに描いたのだ。本当は散ってしまったが、絵の蔦の葉が残っていることによって、主人公の病は癒えた。しかし雨に打たれてそれを描いた老画家は、肺炎で死んでしまう。右の言葉は、主人公が奇蹟的に癒えたときに見た、「虚偽の真実」である。真の自己犠牲が生み出した、本当の愛の姿に違いない。

人間の愛が、この世の真実なのだ。それは虚偽であるかもしれない。しかし、その虚偽の中に一片の誠《まこと》があれば、それは真の希望を人間にもたらすに違いない。後年に至って私は、ピカソが「私の絵画は、虚偽の真実である」と言っていたことを知った。そのとき、私はピカソの芸術に対する真の誠を感じたのだ。その始原には、この『最後の一葉』があった。蔦の葉が残っている限り、人間は立ち上がることが出来る。私は愛に包まれて生まれ、そして今日まで生きて来た。だから私の蔦の葉は、いつまでも散ることがない。

no.179

人間存在というものの根源的な無責任さ。

『方丈記私記』より

堀田善衛（1918-1998）

小説家・評論家。国際文化振興会の任務で中国に派遣され、敗戦前後の状況を体験。帰国後、本格的に執筆活動に入り、『広場の孤独』で芥川賞を受賞。インド、アフリカ、中国、スペイン等を歴訪、国際的な視点から社会性を付した新しい文学の領域を切り拓いた。『方丈記私記』、『ゴヤ』等。

人間が築き上げた、この文明の最大の敵とは何だろうか。私はずっとそのことを考え続けて来た。思春期に始まり、老年期に至るいまも、それを考え続けて生きている。それを考えることと自体が、人間であることの義務だと思っているのだ。経済至上主義・科学礼讃・物質崇拝など、その問題は途切れることがない。しかしその最大のものは、我々が自分たちの無責任さを自覚していないことではないだろうか。大学生で読んだ本書は、その考え方を私に初めて気付かせてくれたのだ。

無責任さを自覚しないことが、自らの文明を滅ぼすことに繋がる。堀田善衛は、昭和二十年三月十日の東京大空襲の体験から、その思想を語りかけてくれた。右の言葉は、東京大空襲を体験したときの堀田の実感である。それだけに衝撃は強い。そして、「死ぬのは、その他者であって自分ではない」と認識していた自己を分析している。堀田の良心はその心情を抱く自己について「人間は、他の人間の不幸についてなんの責任もとれぬ」と書いているのだ。阿鼻叫喚の真っ只中で、堀田は人間の本質を見ていた。

堀田の実感は、私の文明論を考える中枢に位置することとなった。我々は、自己の本質を創る無責任さを自覚しなければならない。その自覚さえあれば、我々は人間の限界をも知ることが出来るだろう。そして、人間の築き上げた文明を維持できるに違いない。我々人類の行く末が、我々の本質を創る無責任さにかかっていることを私は感じた。それは悲しいことだった。しかし私は、人間の発祥が悲哀を湛えた「涙の谷」から来たことを思い出した。人間は元々悲しいものなのだ。

no.180

美《う》わしのテームズ、静かに流れよ、わが歌の終わるまで。

Sweet Thames, run softly, till I end my Song.

エドマンド・スペンサー（1552頃-1599）

イギリスの詩人。エリザベス1世の時代に活躍した。大学在学中から詩作をしていたが、レスター伯の知遇を受け、その後、行政官としてアイルランドへ渡る。イングランドでの官職は得られなかったが、生涯文筆を続けた。代表作に『妖精の女王』、『祝婚歌』等がある。

『スペンサー詩集』「祝婚礼前歌」より

エドマンド・スペンサーは、あのシェークスピアと同時代を生きた詩人である。私はスペンサーの詩を、高校生のときから深く愛していた。その『妖精の女王』は、ジョン・ミルトンの『失楽園』と並んで、私の最も感銘する英国文学となっている。近代に突入する前の、英国の精気が漲っているのだ。『妖精の女王』は、高貴と野蛮が交錯するアングロ・サクソンの崇高が殷々《いんいん》と謳われる。血湧き肉躍る大叙事詩と言えよう。スペンサーの中には、英国の最も深いロマンティシズムがある。

右の言葉は、そのロマンティシズムが生み出した、永遠に繋がる歌声なのである。今でも、多くの英国人がこのリフレインを英国の誇りと感じているのだ。英国における二十世紀最大の詩人T・S・エリオットは、その革命の詩集『荒地』の第三部に、この詩行を引用していた。ロマンティシズムとは、人間の魂が永遠と繋がろうとして放つ悲哀の電光である。その悲哀を、私はこの詩行に深く感ずるのだ。自分の魂とこの地上が結び付く、その悲哀を詩人は謳い上げる。

私はこの歌声から、自己の永遠を想い浮かべるのだ。到達不能の憧れに向かう自分の人生を、私はこの詩行の中に感じている。この歌が私の座右にある限り、私のすべての苦悩は、美しいこの地上に向かって開放される。アングロ・サクソンの魂が哭《な》いたように、私の魂もまた未来へ向かって哭き叫ぶだろう。永遠とは、美しさの中から生まれる真の希望だ。美しきものがある限り、我々を生み出した悲哀はロマンティシズムとなって降り注ぐ。我々はその涙を受けて、人間の誇りを取り戻すのだ。

no.181

孤独なる神よ、孤独なる我れのもとに来たれ。

『神の愛への讃歌』より

シメオン (949-1022)

ビザンチンの神秘主義者。東方教会の修道士。「新しい神学者」と呼ばれる。初め皇帝に仕えたが修道士となり、コンスタンチノープルの修道院長を務める。独自の教説が批判を受け、のちに小アジアのタルキトンに流され、生涯を同地で送る。神秘家として、静寂主義に理論的根拠を与えた。『百の神学的・覚知的・実践的主要則』、『教理講話』等。

シメオンは、東ローマ帝国における最高の神学者のひとりである。ギリシア正教の教理と神学論の基礎を固め、また瞑想的修道生活の指導者としても名高い。その信仰の篤さのゆえに、苦難の人生を送った。今に残る多くの神学書、講話、書簡集にはその涙の跡が深く滲んでいるのだ。ギリシア語を話す教父の中で、私が最も尊敬する人物である。世俗化する正教会と対立し続け、神との霊的交わりを説くその神学に、シメオンの戦いの現存を見ることが出来る。

あのマルチン・ブーバーの言う「我と汝」の関係を神との間に築き上げていた。ただ独りで生き、ただ独りで死んだ教父なのだ。私はシメオンの中に、革命の息吹を感じ続けて来た。その息吹が、私に語りかけて来る。孤独の中にこそ、生命の屹立《きつりつ》が可能となる。孤独の深淵を歩む者にだけ、神の語りかけがやって来るのだ。シメオンを尊敬していたフランスの哲学者ジョルジュ・バタイユは、その体験を「この孤独、これこそが神である」と語っていた。

神に向かって、シメオンのように呼びかけた人間がいたことに私は驚愕した。この信仰、この信念はただごとではない。神の孤独を真心から知っているに違いない。自己の信念に命を懸けていることはすぐに分かった。私が知る限り、「孤独」が生命にもたらす崇高性を語る「最初の人間」である。人間の孤独ではない。そのようなものではなく、神の孤独を自己の孤独に重ねるその崇高を私は垣間見たのだ。私の「葉隠」も、ここまでいかなくてはならぬ。その道は長く遠いだろう。しかしシメオンの苦難に比すれば、物の数ではない。

no.182

優雅でなくては、人生ではない。

I can no longer live without elegance.

『エマーソン全集』「エッセイ集」より

ラルフ・ウォルド・エマーソン(1803-1882)

アメリカの思想家・詩人。神学校を出て牧師となったが退職し、欧州遍歴。帰国後コンコードで講演、著述を始め、コンコードの哲人と呼ばれた。超絶主義を唱え、アメリカの思想・文学にロマン主義をもたらした人物として知られる。代表作に『偉人論』、『エッセイ集』等がある。

米国の詩人エマーソンは、その超越哲学において私の心を捉え続けて来た。その超絶した孤高が、私の魂を震わせ続けて来たのだ。真の独立自尊を、私はエマーソンの文学に見出していた。日本における内村鑑三の思想と共に、エマーソンは私が「絶対負」の思想を築く基盤を与えてくれた。私の「葉隠」は、エマーソンによって米国プロテスタント的展開を得ることが出来るようになったと言っていい。私にとっての「アメリカ」とは、いつでもエマーソンの魂に他ならないのだ。

エマーソンの信念は、宇宙的である。それは歴史を貫徹し、いまの文明を穿《うが》つ力がある。それは根源的であり、また生命的と言えるだろう。キリスト教の、最も深く高貴な信仰が創り上げた崇高性なのだ。その崇高は、あらゆる現象を呑み込み消化してしまう。人生のあらゆる不幸が、エマーソンの中でひとつの優雅さと成っていることに気付く。その核融合とも言える力は、エマーソンの持つ頑固な信念によって成し遂げられている。信念が生む優雅さこそが、その人生を創っていた。

あらゆる苦悩が、エマーソンに優雅さを与えていた。いかなる貧困も、また病気でさえもその優雅さを犯すことは出来なかった。人間の歩む人生とは、本当に豊かで優雅なものに違いない。そうではない人生があるなら、それはその人間が自分自身の人生を生きていないのだ。真の独立自尊とは、自己の人生を優雅と成す生き方である。真の人生は、不幸でも不様でもすべてが優雅とならなければならない。自己の生命に与えられた豊かさに気付けば、人は誰でも優雅さを身に纏うことが出来る。

no.183

偉大な情熱はすべて、孤独の中から生まれて来る。

Toutes les grandes passions se forment dans la solitude.

『新エロイーズ』(第一部)より

ジャン＝ジャック・ルソー(1712-1778)

フランスの啓蒙思想家・小説家。文明社会の非人間性を批判し「自然に還る」ことを主張。また知性偏重の教育に疑義を唱え、のち人民主権論を展開。フランス革命に大きな影響を与えた。著書に『社会契約論』、『エミール』等がある。

ルソーは、私の最も嫌いな思想家である。しかしその思想の核心が、私の魂を震わせるのだ。この不可思議を、私は体験しつつ生きて来た。その不思議を解明するために、私はルソーの著作をすべて研究した。『社会契約論』、『人間不平等起源論』、『エミール』、『告白』そして最後に、この『新エロイーズ』と読み漁った。ルソーの魂にあるこの恋愛論に触れて、私は何かルソーの本質にやっと触れることが出来たように思っている。そこには、人間のもつ美しさが確かに響き渡っていたのだ。

ルソーの核心の中に、私は一つの「忍ぶ恋」を見出した。その忍ぶ恋が、多分、あの破壊の哲学を生み出したのだろう。人間は誰もその人生に責任を持つことは出来ない。すべての人が、力一杯に生きることしか出来ないのだ。そうやって一つの生命が確かに「燃焼」する。その燃焼の中に、すべての憧れがあり、すべての憎しみが込められる。善悪を超越して、人間の魂が燃えさかるのだ。私はその燃えさかる魂の雄叫びを、ルソーの中にも見出すことが出来た。燃えさかる魂は、やはり美しかった。

いかなる思想も、すべては孤独な魂の中から生まれて来るのだ。その思想の是非は問うべきものではない。生命から滴る涙が、歴史の中に結晶として残った。それが思想だ。私はその結晶をこそ愛する。ルソーの中に燃える忍ぶ恋を知ったとき、私は人類が生み出した思想の本質に触れた思いがした。孤独に耐える力だけが、魂から生ずる思想を生み出して来た。いかなる思想も、その例外ではない。孤独な魂の中に醸成されたもの以外は、従って思想を装った嘘の言説である。ルソーは、私に思想の核心を教えてくれた。

no.184

只々《ただ》、心静かに運命を愛することを心がけています。

『田辺元・唐木順三　往復書簡』より

田辺元（1885-1962）

日本の哲学者。西田幾多郎とともに京都学派を代表する思想家。京都大学名誉教授。数学ならびに物理学に終生関心強く、東北帝国大学理学部講師も務め、文理融合した独自の哲学を築く。著書に『最近の自然科学』、『科学概論』、『懺悔道としての哲学』等。

田辺元は、西田幾多郎と並び、私が最も尊敬する日本の哲学者のひとりである。その哲学は、西田の学統を継ぎ、西洋の論理で日本の魂を摑むことに費やされていた。難解で美しい論理がその紙幅を覆い尽くしていると言っていい。筑摩書房から刊行された全十五巻の全集は、私の長い読書人生においても、最も激しい苦行を私の肉体と頭脳に強いた。七十歳を超えて、命懸けでその読破を試み、死に体でやっと読了したのだ。その後遺症は、その後、長く私の生活を苦しめることとなった。

それほどに、その美しい「論理」には魅力があるのだ。特に、田辺が確立した「種の論理」という日本独自の哲学は、私の思想を支える根底ともなってくれた。まさに、我が魂の恩人と呼べよう。とにかく論理が美しい。死ぬほどに美しいので、死ぬほどの覚悟をもって読んだのだ。その哲学は、田辺が七十七歳で没するまで、まさに青春を思索していた。論理と青春が合体した哲学と言っていいだろう。その人物の死ぬ直前の最後の言葉が、この言葉なのだ。三十年以上に亘る唐木順三との書簡の最後を飾るものだ。

この「日本人の論理」の頂点を極めた人物が、死を前にして、運命を愛することだけを心がけていたのだ。運命を愛するとは、もちろん武士道の根底を支える中枢である。それを、この大論理家が書いた。私は涙なくして、これを読むことは出来なかった。そして、あの膨大な論理哲学が、武士道的美学によって支えられて来たことを強く実感した。私が田辺哲学を愛して来た歴史のすべてが氷解した。

no.185

人生は、いつだって命がけだ。

Leben ist immer lebensgefährlich.

「政治風刺詩」より

エーリッヒ・ケストナー（1899-1974）

ドイツの詩人・小説家。第一次大戦に従軍後、大学で文学、哲学、歴史を学びながら執筆活動を続ける。ナチスの弾圧により出版活動が禁止された時期を乗り越え、風刺詩や少年小説で大きな業績を残した。代表作に『ファービアン』、『エミールと探偵たち』等がある。

ケストナーは、私の最も愛する文学者のひとりだった。ケストナーのもつ洒脱《しゃだつ》の精神は、いつでも私の憧れを昂らせてくれた。それは小学校三年生のときに、『空想男爵《ほらふき》の冒険』という本を読んだことに始まった。そこに閉じ込められている「笑い」の精神は、人間の心に爽々しい風を吹き込まずにはいないだろう。常に男らしい足取りをもって、その人生に立ち向かっていた。その男らしさが、ケストナーの芸術を支えていたに違いない。私はケストナーの中に、武士道を感じていたのだ。

右の言葉に出会ったとき、ケストナーの生命が私の魂に溶け込んで来た。ケストナーの魅力が、私の肚に落ちたのだ。人生にはあらゆることがある。善いことも悪いことも、交互に来るだろう。しかし一つだけ言えることは、そのすべてが自分の運命であるということなのだ。その運命に命がけで向かった者だけが、自分の人生を摑むことが出来る。生き方とは、それ以外には決してない。善い生き方、悪い生き方、賢い生き方、馬鹿な生き方。どれも間違っている。

生き方とは、命がけの体当たりしかないのだ。それ以外は、すべて嘘である。人生とは、その結果がいかなるものであれ、命がけの燃焼にだけ価値がある。自分の人生に起こることのすべてを愛すること。それだけが体当たりの人生を生み出す秘訣なのだ。つまり、自己の運命を抱き締めるということに尽きる。自己の運命が、自分の生まれて来たいわれである。それ以外に自分の存在理由はない。自己の運命に体当たりをしなければならない。いま私の運命の中を、爽々しい風が吹き抜けて行く。

no.186

死は、不死の始まりである。

La mort est le commencement de l'immortalité.

「テルミドール八日の演説」より

マクシミリアン・ド・ロベスピエール（1758-1794）

フランス革命の指導者。パリの名門校ルイ・ル・グラン学院に入学。その後、法学修士号を取得して弁護士となる。のち代議士となり、革命の指導者として活躍。恐怖政治を強行し、多くの人間を処刑したが、自身も最後には革命広場で処刑された。

ロベスピエールは、フランス革命の精神だった。善悪の彼岸に、その精神は屹立《きつりつ》していた。それがフランス革命の純粋性を体現していたことに間違いはない。三十六歳にして、革命が為した残虐の責任を取り逮捕処刑されたのである。その日をもって、フランス革命の理想はこの世から消え去った。あとに残されたものは、戦争と征服の日々だけであった。ジャコバン党を率いたロベスピエールに対する批判は、歴史を覆っている。しかしロベスピエールなくして、フランス革命はなかったのだ。

その恐怖政治の中に、人間の魂の叫びを聞き取るのは私だけではあるまい。革命は悲惨である。しかし、そこには必ず人間の魂から滴る美しいものがあるのだ。私はそれだけを見つめていたい。いかなる悲惨に見舞われようと、人間の理想を仰ぎ見なければならない。理想を追い求めることだけが、我々人類の存在理由である。革命の悪を問うてはならない。そうではなく、その涙の中を生き抜いた人間の理想の美しさを感ずるのだ。理想だけが、人類を生み人間の魂を育てた。

ロベスピエールは、理想に生き理想に死んだ人物だった。その人物を生み出した覚悟を、私はこの右の言葉の中に見ているのである。魂の理想のために、自己の肉体を捨てている。肉体の生命を理想に捧げることが、人類を人類たらしめる力を養った。死を厭う者は動物である。人間の魂とは、死を乗り越え永遠に向かう気概の中に存する。肉体を捨て、魂の永遠に生きることなのだ。生きるとは、死ぬことである。死の覚悟によってのみ、永遠の理想が魂の核に生まれて来るのだ。

no.187

しかし必要なことは、ただ一つだけしかない。

『新約聖書』ルカ福音書 第10章42節より

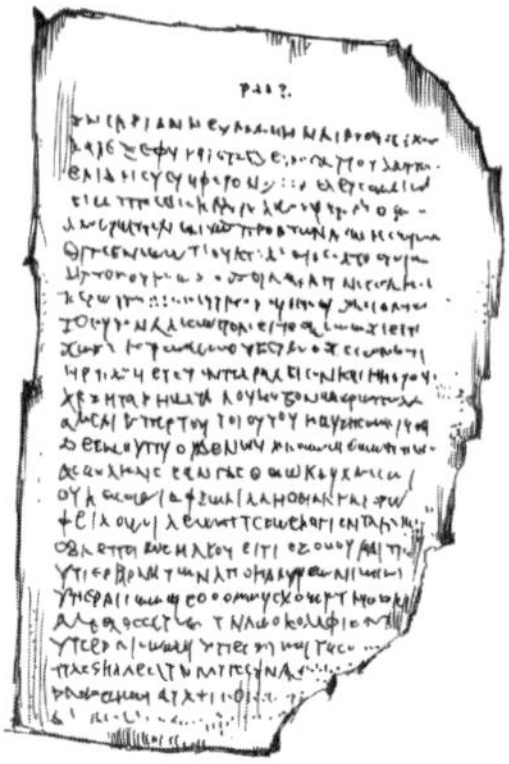

福音記者ルカ　ルカ福音書

新約聖書四福音書の一つ。マタイ、マルコ福音書とともに共観福音書と呼ばれる。イエスの生誕や復活の記録などが収録されており、マタイ福音書に類似している。新約聖書中もっとも文学性に優れた福音書として名高い。

　このキリストの言葉ほど、含蓄の深いものはあまりない。この言葉によって、私は自己の運命をいつでも乗り越えて来た。そこに立ちはだかる、あらゆるものと対峙して来たのだ。何があろうと、私はいつでもこの言葉によって、あらゆる迷いを截断《せつだん》して来た。私が「葉隠」の中を生き抜けたのも、この言葉がもつ霊力に違いない。運命を乗り越え、それを抱き締めるために必要なことは、いつでも一つしかない。そのときに掛け替えのない一つのものだけが、自己の運命を引き寄せてくれるのだ。

　その一つを選ぶことが、その人の人生を創っていく。キリストは、それを神の言葉だと言っていた。そして私は、葉隠の言葉をその一つのものとして来たのだ。神の言葉は、子供の頃の私には分かり辛かった。しかし武士道の言葉は、血湧き肉躍るものがあったのだ。自分の魂が奮い立つものを、その中に私は感じていた。だから、いつでも私は葉隠の中に戻っていった。そして、その魂をもってあらゆるものを截断して来たと言っていい。葉隠はいつでも私にとって一つしかないものだった。

　私の人生は、死ぬほどに苦しんだことの連続だった。いつでも死を覚悟していなければ、一日たりとも生きることは出来なかった。その苦悩を、すべて一つの思想を仰ぎ見ることによって乗り越えて来たのだ。それが葉隠である。そして葉隠の思想を、キリストのこの言葉が支えていた。心に迷いが生じたとき、私はいつでも葉隠の言葉だけを受け取った。それ以外のあらゆるものを切り捨てて来たのだ。私は今七十二歳になった。そして一つしか得るもののなかった人生を、本当に良かったと思っている。

no.188

往け　いまこそ　わが影よ！

詩集『CONCERTO』「予感」より

竹本忠雄（1932- ）

日仏両国間での文芸評論家。筑波大学名誉教授、コレージュ・ド・フランス元招喚教授。東西文明間の深層の対話を基軸に、多年、アンドレ・マルローの研究者・側近として活躍。上皇后美智子さまの和歌をフランス語に翻訳しパリで紹介。89歳で全8巻の大著『未知よりの薔薇』を発表。『マルローとの対話』、『宮本武蔵 超越のもののふ』等。

竹本忠雄の人生は、美しい神秘に満ち溢れている。この世に、マルチン・ブーバーの言う「我と汝」の関係を現出させた人物と言っていいだろう。あのアンドレ・マルローとの珠玉のような対話は、何人《なんびと》も寄せ付けぬ神韻がある。禅とフランス文化に精通したその頭脳から生み出された作品に、根源的日本が持つひとつの情熱のほとばしりを感ずるのは私だけではあるまい。竹本は学者であると同時に、また詩人でもあった。その文化論もまた、そのポエジーのゆえに、我々の魂を抉るのである。

右の言葉は、私がその中に、宇宙の真実を感じたものと言っていい。それはキリスト教が生み出した騎士道を感じさせ、また神道の生み出した武士道をも彷彿させたのだ。肉体を超越した自己の本源に触れるとき、人間は自分を生み出した宇宙のいのちを抱き締めるのである。我々の中に生きる、宇宙そのものの力が、我々の生きる価値を創り上げている。私はこの言葉に、その宇宙的実存を感じた。私の中に生きるものよ！私は汝のためにこそ、この世に使わされて来たのだ。

右の文を生み出した詩の前段には、死の瞬間の自己を捉える個所がある。そして「わたしの重量は無限大となり　宇宙の重量と等価となり　やがてそれは　同時にゼロとなる」とある。まさに「無即有」の絶対弁証法の極地が歌われている。また「般若心経」の核心と言うべきか。人間は、自己の中に生きる宇宙の実存を感ずるとき、真の人間としての人生を歩み出すに違いない。私は『葉隠』の道しかない男だが、その力だけで、この偉大な詩の心に触れられたことを喜んでいる。

no.189

わたくしは、一つの夢に生涯を賭《か》けました。

『天の夕顔』より

中河与一(1897-1994)

小説家として評価を『或る新婚者』によって得て、モダニズム的作品を次々発表。評論活動も活発に行ない、他に和歌、叙情的作品など多才に創作。戦時下は民主主義を標榜。戦後作として『失楽の庭』等。

右の文を読んだとき、私は純愛の文学として名高いこの作品が、実は武士道の書物に違いないと直感した。私自身の根源思想であるあの『葉隠』の魂が、この一文に躍動していたのだ。私はそれを感じた。そして本文は続けられていた。「わたくしの生まれ来たことの意味は、だから言ってみれば、その儚《はか》なげな、しかし切なる願いを、どこまで貫き、どこまで持ちつづけたかということになるのです」。この本は『葉隠』の言う「忍ぶ恋」の真髄が描かれていると私は断定した。そして読み進めたのだ。

それは恐ろしく美しい、ひとりの人間の魂の苦悩を表わす墓標とも呼べる純愛だった。天の悲しみのように寂しい、人間の魂の崇高を感じながら私は読んだ。この主人公は恋する人の姿の中に、崇高なるものを見ているのだ。見えるものは、見えないものの高貴性を明からめるためにある。この『葉隠』の精神が、主人公の純愛を支えていると言っていい。真の恋そして真の愛が、この現代社会において、自己の武士道を築き上げていることを私は感じたのだ。

真の恋は、命懸けのものである。恋の対象の中に、崇高を見る者だけに為し得る美学とも言えよう。そして物語の最後に主人公は「すべてを捧げて、心の限りで、思いの悉《ことごと》くをつくして、あらゆるものを顧みないで……本当にあの人だけを愛しつづけました」と言っているのだ。まさに一直線の人生がここに貫徹されている。人間の命の本源が躍動している。本当の恋が、本当の体当たりを生み出したと言えよう。つまりこの主人公は、本当の武士道を摑み取ったのだ。この一文に感動した私の魂は、この終結に魂の豊かさを養ったのである。

no.190

情熱は、不滅性への渇望から生まれる。

La pasión nace del hambre de inmortalidad.

『生の悲劇的感情』より

ミゲール・デ・ウナムーノ（1864-1936）

スペインの思想界を代表する哲学者・詩人であり、スペインの国としての衰退を憂え、最後まで国内政治、思想への提言をし続けた。キルケゴールに強く影響を受け、実存的懊悩を文に著し続けた。

人生とは、自己の情熱が求める「何ものか」である。そして文明とは、人類が求めた情熱の結末なのだ。その文明の中でも、私は日本人が築き上げた武士道を死ぬほど愛して来た。武士道を、日本人の最も崇高な情熱が創り上げた、日本文明の中枢だと考えている。その中に、私は死のうと思っているのだ。その武士道を、私はこのスペインの哲学者に感ずる。ウナムーノの呻吟する、そのキリスト教の中に私は武士道を見出す。その不滅性への渇望の中に、不合理の悲痛がひしめいている。

人間のもつ情熱は、不滅性へのあくなき探求によって深められて来た。我々の情熱は、永遠を摑み取ろうとする努力から生まれて来たのだ。永遠の生が、我々の情熱を駆り立てたのである。そのためには、我々の祖先は喜んでその命を捧げ尽くした。本当の情熱とは、いまの我々が思っているものとは違う。それは、永遠を目指す我々の生命が、不滅性へ向かって喘《あえ》ぐその渇望にあるのだ。人類の文明においては、西洋のキリスト教と日本の武士道がそれを担った。

ウナムーノのキリスト教は、肉と骨の人間がもつ呻吟なのだ。生身の人間が求める不滅性への憧れである。それが武士道と共振する。武士道も、肉体をもつ人間の呻吟に他ならない。それは苦悩と悲痛の中で求める、永遠の憧れなのだ。情熱とは、永遠を求める我々の叫びを言う。生命の不滅を願う我々の祈りを言う。人類のもつ情熱とは、それ以外の何ものでもない。

あとがき

本書を読み通してくれた方々に、紙面を通じて御礼を申し上げる。独断に満ちた私の座右銘をすべて読み通した読者は、忍耐力に富むすばらしい人たちだと会わなくても分かる。独断とはいえ、私の座右銘は、すべてが偉大な先人の魂から湧き出た偉大な思想であることには間違いない。どれを好きに成ってもらっても、必ずやそれは読者の人生に多大なる「息吹」をもたらすに違いない。私が人生を共にした思想が、読者のためになれば、これ以上の喜びはない。

私の選ぶ「ロゴス」から吹く息吹は、すべてが日本の武士道と西洋の騎士道のもたらす薫風《くんぷう》である。私はこの二つを、人類が持った最も偉大な文化と思っているのだ。だから私の思想にはすべて、潔さと勇気が隠されている。私のロゴスを好きになってくれた方々は、その文化から吹く風を受ける人生になるのだ。これは苦しいが、生命的な旅路となるに決まっている。この読書を期して、読者の方々には是非とも信念に殉ずる人生を打ち立ててほしいと願っている。

最後に、すべての座右銘（ロゴス）にイラストを描いて下さった高田典子氏に御礼を申し上げたい。元々、氏のイラストは、多くのファンを有するものである。その人が本書のために描いて下さった。本書のために、氏は何ヶ月にも亘り、一九〇点に及ぶイラストを描いた。その熱意に対して私は本当に頭が下がる思いを持つのだ。また、本書を企画し、形と成してくれた株式会社実業之日本社の大串喜子氏にも感謝申し上げる。氏の持つ人生観が、本書を世に出してくれたと私は考えている。

二〇二二年十一月十日

執行草舟

参考文献

『愛と認識との出発』（倉田百三著／岩波文庫）……266・267

『愛の無常について』（亀井勝一郎著／角川書店）……294

『蒼ざめた馬』（ロープシン著、川崎浹訳／岩波現代文庫）……162

『アガメムノーン』（アイスキュロス著、久保正彰訳／岩波文庫）……360

『アポリネール詩集』（「ミラボー橋」ギョーム・アポリネール著、堀口大學訳／新潮文庫）……346

『荒地』（T・S・エリオット著、岩崎宗治訳／岩波文庫）……46・47・381

『W・B・イェイツ全詩集』（W・B・イェイツ著、鈴木弘訳／北星堂書店）……168

『イノック・アーデン』（アルフレッド・テニスン著、原田宗典訳／岩波書店）……180

『ヴィヨン全詩集』（「バラード」フランソワ・ヴィヨン著、鈴木信太郎訳／岩波文庫）……62

『ヴィヨンの妻』（太宰治著／新潮文庫）……230

『ヴィルヘルム・ミュラーの生涯と作品―〈冬の旅〉を中心に』（渡辺美奈子著／東北大学出版会）……284・285

『雨月物語』（上・下巻 上田秋成著、青木正次訳注／講談社学術文庫）……106

『失われた時を求めて』（全14巻 プルースト著、吉川一義訳／岩波文庫）……88

『内村鑑三日記書簡全集』（全8巻　内村鑑三著／教文館）……328

『宇宙における人間の地位』（マックス・シェーラー著、亀井裕・山本達訳／白水社）……234

『美しい星』（三島由紀夫著／新潮文庫）……28・29

『エセー』（全6巻 モンテーニュ著、原二郎訳／岩波文庫）……332・333

『エネアデス』（『エネアデス（抄）Ⅰ・Ⅱ』プロティノス著、田中美知太郎・水地宗明・田之頭安彦訳／中央公論新社）……320

『旧約聖書』（『聖書 口語訳』／日本聖書協会）……56・78
『教会教義学』（カール・バルト著、吉永正義訳／新教出版社）……270・271
『キリスト教綱要』（ジャン・カルヴァン著、渡辺信夫訳／新教出版社）……254
『クォ・ワディス』（上・中・下巻 ヘンリック・シェンキェーヴィチ著、木村彰一訳／岩波文庫）……98
『草の葉』（上・中・下巻 ホイットマン著、酒本雅之訳／岩波文庫）……338・339
『ゲオルゲ全詩集』（『新しい国』シュテファン・ゲオルゲ著、富岡近雄訳 注 評伝／郁文堂）……224
『功利主義』（J・S・ミル著、関口正司訳／岩波文庫）……366
『対訳 コウルリッジ詩集―イギリス詩人選(7)』（「クーブラ・カーン、あるいは夢で見た幻想」コウルリッジ著、上島建吉編／岩波文庫）……252
『獄中記』（オスカー・ワイルド著、福田恒存訳／新潮文庫）……326
『国家と革命』（レーニン著、角田安正訳／講談社学術文庫）……226・227
『ゴドーを待ちながら』（サミュエル・ベケット著、安堂信也・高橋康也訳／白水社）……236
『CONCERTO（コンツェルト）』（「予感」竹本忠雄著／思潮社）……396
『サルトル全集 第13巻』（増補版『実存主義とは何か』ジャン＝ポール・サルトル著、伊吹武彦他訳／人文書院）……324・363
『三太郎の日記』（阿部次郎著／岩波書店）……250
『シーシュポスの神話』（アルベール・カミュ著、清水徹訳／新潮文庫）……104・105
『対訳：シェリー詩集―イギリス詩人選(9)』（『遺稿詩集』「濫用されすぎている一つの言葉」シェリー著、アルヴィ宮本なほ子編／岩波文庫）……358
『地獄の季節』（ランボオ著、小林秀雄訳／岩波文庫）……38・39
『自然認識の限界について・宇宙の七つの謎』（エミール・デュ・ボア＝レイモン著、坂田徳男訳／岩波文庫）……352・353
『失楽園』（上・下巻 ジョン・ミルトン著、平井正穂訳／岩波文庫）……24・381
『死の哲学 儚きものの哲学』（レフ・シェストフ著、植野修司訳／雄渾社）……344
『邪宗門』（高橋和巳著／河出書房新社）……96・97

『狭き門』（アンドレ・ジッド著、山内義雄訳／新潮文庫）……52・53

『戦争と文明』（アーノルド・トインビー著、山本新・山口光朔訳／中央公論新社）……72

『戦争論』（ロジェ・カイヨワ著、秋枝茂夫訳／法政大学出版局）……314・315

『善の研究』（西田幾多郎著／岩波文庫）……160・161

『禅林名句辞典』（白隠禅師「偈」飯田利行編著／国書刊行会）……90

『荘子』（全4巻 金谷治訳／岩波文庫）……176・177

『創造者』（ホルヘ・ルイス・ボルヘス著、鼓直訳／岩波文庫）……240

『創造的進化』（ベルクソン著、真方敬道訳／岩波文庫）……272

『田辺元・唐木順三　往復書簡』（田辺元・唐木順三著／筑摩書房）……388

『魂の錬金術―エリック・ホッファー全アフォリズム集』（エリック・ホッファー著、中本義彦訳／作品社）……134

『田村隆一詩集』（「路上の鳩」田村隆一著／思潮社現代詩文庫）……322

『堕落論・日本文化私観 他二十二篇』（坂口安吾著／岩波文庫）……170

『歎異抄』（親鸞述、唯円編、金子大栄校注／岩波文庫）……212・213

『チェーホフの手帖』（アントン・チェーホフ著、神西清訳／新潮文庫）……312

『知と愛』（ヘルマン・ヘッセ著、高橋健二訳／新潮文庫）……156・157

『沈黙の世界』（マックス・ピカート著、佐野利勝訳／みすず書房）……166

『ツァラトゥストラかく語りき』（上・下巻 ニーチェ著、竹山道雄訳／新潮文庫）……86・211

『ツヴァイク全集16』（『マゼラン　アメリゴ』シュテファン・ツヴァイク著、関楠生・河原忠彦訳／みすず書房）……296

『月と六ペンス』（サマセット・モーム著、中野好夫訳／新潮文庫）……112・113

『罪と罰』（上・下巻 ドストエフスキー著、米川正夫訳／角川文庫）……84

『定義集』（アラン著、神谷幹夫訳／岩波文庫）……26

『バガヴァッド・ギーター』（上村勝彦訳／岩波文庫）……110・111

『葉隠無残』（「血染川」滝口康彦著／講談社文庫）……182・183

『はつ恋』（イワァン・ツルゲーネフ著、神西清訳／新潮文庫）……302

『発熱』（ル・クレジオ著、高山鉄男訳／新潮社）……260・261

『パリの憂鬱』（ボードレール著、福永武彦訳／岩波文庫）……214

『バルザック「人間喜劇」セレクション』（全13巻＋別巻2冊 バルザック著、鹿島茂他訳／藤原書店）……286

『パンセ』（上・中・下巻 パスカル著、塩川徹也訳／岩波文庫）……126・127

『判断力批判』（上・下巻 カント著、篠田英雄訳／岩波文庫）……108

『悲劇エムペードクレス』（ヘルダーリン著、谷友幸訳／岩波文庫）……66

『美と芸術の理論』（シラー著、草薙正夫訳／岩波文庫）……316

『ファウスト』（第一部・第二部 ゲーテ著、相良守峯訳／岩波文庫）……50・51

『新編 不穏の書、断章』（フェルナンド・ペソア著、澤田直訳／平凡社）……306

『不合理ゆえに吾信ず』（埴谷雄高著／現代思潮新社）……80

『復活』（上・下巻 トルストイ著、藤沼貴訳／岩波文庫）……53・102・103

『部分と全体』（W・ハイゼンベルク著、山崎和夫訳／みすず書房）……256

『文化の起源――人類と十字架』（ルネ・ジラール著、田母神顯二郎訳／新教出版社）……372

『平家物語』（『日本古典文学大系32・33』高木市之助他校注／岩波書店）……128・129・359

『碧巌録』（上・下巻 入矢義高他校注／岩波文庫）……244・280・281

『対訳 ペレアスとメリザンド』（メーテルランク著、杉本秀太郎訳／岩波文庫）……140

『ヘンリー・ヴォーン詩集―光と平安を求めて』（「火花散る火打石」ヘンリー・ヴォーン著、吉中孝志訳／広島大学出版会）……348

『方丈記私記』（堀田善衛著／ちくま文庫）……378

『論理哲学論考』（ウィトゲンシュタイン著、野矢茂樹訳／岩波文庫）……342

『わが生活と思想より』（アルベルト・シュヴァイツァー著、竹山道雄訳／白水社）……364

『我と汝・対話』（マルティン・ブーバー著、植田重雄訳／岩波文庫）……246

わ

や

ら

ま

な

た

さ

か

索引

執行草舟

（しぎょう・そうしゅう）

昭和25年、東京生まれ。立教大学法学部卒。著述家、実業家。生命の燃焼を軸とした生き方を実践・提唱している生命論研究者。また、独自の美術事業を展開しており、執行草舟コレクション主宰、戸嶋靖昌記念館館長を務める。蒐集する美術品には、安田靫彦、白隠、東郷平八郎、南天棒、山口長男、平野遼等がある。魂の画家・戸嶋靖昌とは深い親交を結び、画伯亡きあと全作品を譲り受け、記念館を設立。その画業を保存・顕彰し、千代田区麹町の展示室で公開している。著書に『草舟言行録Ⅰ 日本の美学』『超葉隠論』（以上実業之日本社）、『生くる』『友よ』『根源へ』『脱人間論』（以上講談社）、『「憧れ」の思想』『おゝポポイ！』『現代の考察』（以上PHP研究所）等がある。

人生《じんせい》のロゴス

私《わたし》を創《つく》った言葉《ことば》たち

2023年1月30日　初版第1刷発行
2023年3月 1日　初版第2刷発行

著　者　執行草舟《しぎょうそうしゅう》

発行者　岩野裕一

発行所　株式会社実業之日本社

〒107-0062　東京都港区南青山5-4-30
emergence aoyama complex 3F
TEL：03-6809-0473（編集）／03-6809-0495（販売）
https://www.j-n.co.jp/

印刷・製本　大日本印刷株式会社

ISBN 978-4-408-65039-5（書籍出版）